萬玉堂玉器精選集

COLLECTION OF CHOICE OF WANYUTANG JADE ARTICLE

第一卷(下册)

嚴春元 主編

西泠印社出版社

圖版目錄 CATALOGE

圖版目錄 CATALOGE

圖版目錄 CATALOGE

明 白玉 雙龍戲珠紋 帶環

長7厘米 寬4.3厘米 厚1厘米

白玉，滋潤晶瑩。長方形，光素無紋。一端有環，琢成雙龍戲珠的造型。

明 白玉 龍舟 佩

長8.8厘米 寬6厘米 厚0.6厘米

白玉質。橢圓形片狀。鏤空雕刻。中心題材為碧波競渡的龍舟。龍舟刻劃真實，裝飾豪華。有劃船者，也有手執令旗單足立于船頭的童子。舟上還豎有羅傘、幡旗，幡旗上刻“狀元及第”四字。賽龍舟是我國傳統的體育競技項目，“狀元及第”更是古代讀書人的理想和期盼。該玉佩將兩種美好的人生境界融合在一起，頗具匠心。

明　白玉　蟬

長5.3厘米　寬2.5厘米　厚1.3厘米

白玉，質地細膩滋潤，留皮，呈桂花黃。圓雕。
刻劃簡練，琢磨細致。蟬首鑽象鼻穿，便于佩挂。

明　白玉　雙龍　璧

長6.3厘米　寬4.6厘米　厚0.5厘米

白玉，局部受沁，呈鐵銹色。扁平長方形，鏤空雕刻。中間為玉璧，面飾卷雲紋，璧緣外裝飾兩條圍繞的龍紋。為明清較常見的一種璧形玉佩。

明　白玉　臥童　佩件

長3厘米　寬4.6厘米　厚1.6厘米

白玉，質地細膩滋潤，碾磨精細，拋光明亮。圓雕臥童形象。童子素身，以細膩潔白的玉質體現童子嫩白的肌膚，可謂相得益彰。

明 白玉 劉海戲金蟾

長6.1厘米 寬3厘米 厚1.7厘米

白玉滋潤。留皮，呈金黃色和淡黃色。局部受沁，呈鷄骨白。圓柱狀，圓雕。玉工擅用俏色，伏地金蟾恰成金黃色。劉海立于蟾背，膚色潔白。為巧雕佳作。

明　白玉　龍首　螭紋　帶鈎

長7.8厘米　寬3.7厘米　厚1.2厘米

白玉滋潤，局部留杏紅色皮子。形製較特殊，不是常見的S形，呈P形。鈎身寬大厚實，類似琵琶，螭紋形象也較平實，用淺浮雕技法雕刻。

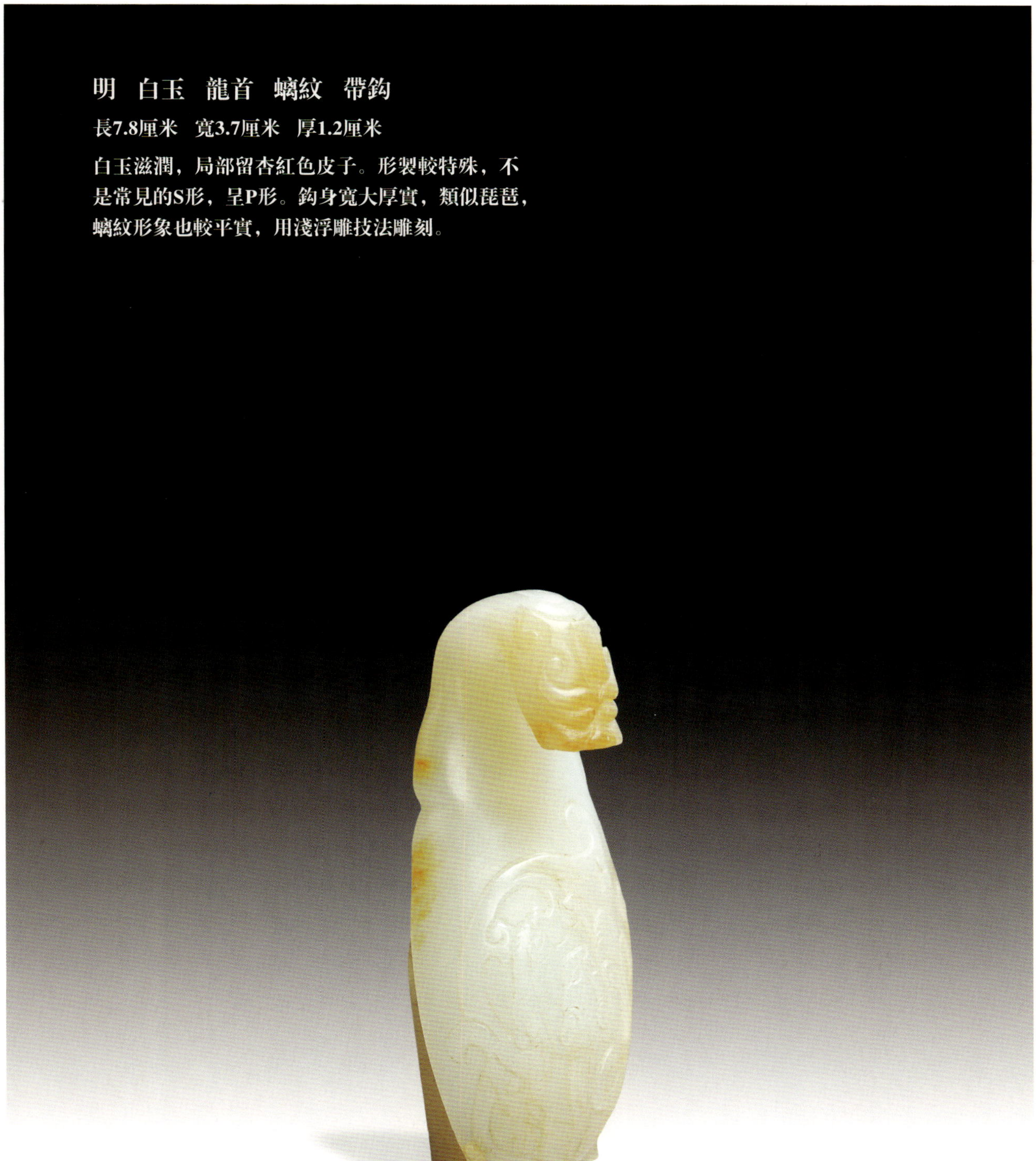

明　白玉　龍首雙螭紋　帶鈎

長9厘米　寬2.2厘米　高2.8厘米

白玉，受赭黑色沁。鈎作龍首。鈎身高浮雕兩螭。
底有橢圓形鈕。

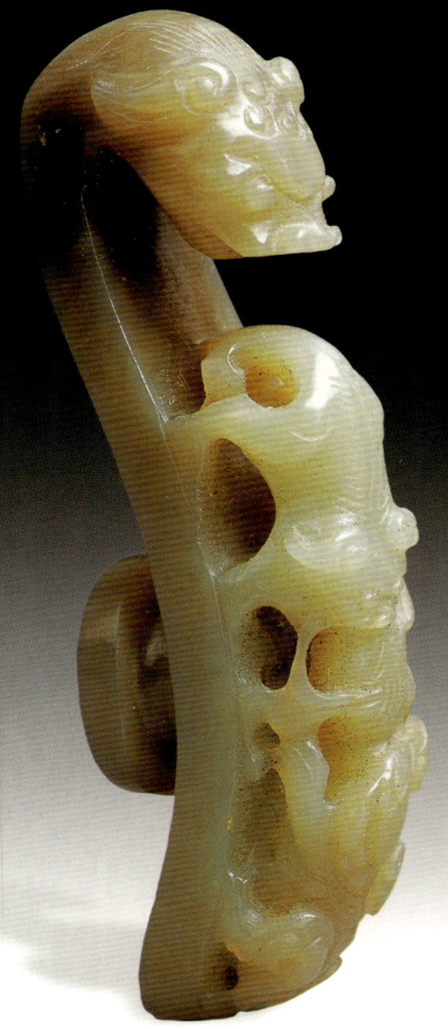

明　白玉　龍紋　帶鈎

長9.6厘米　寬1.7厘米　高1.6厘米

玉質細白滋潤。帶鈎雕琢成一條六筋卷尾龍。工藝精湛，龍眼雙目如炬，可謂畫龍點睛，神韵獨具。

明　白玉　螭銜靈芝紋　佩

長6.5厘米　寬3厘米　厚0.9厘米

白玉，細潔瑩潤。略近橢圓形，扁平。鏤空雙面工。畫面為螭龍銜靈芝。龍曲體盤繞，隆鼻長角，尾部分叉。整器隨形設計，雕磨精致，玲瓏剔透。

明　白玉　心形佛像　片

長5.4厘米　寬3.9厘米　厚0.6厘米

白玉質，局部受黃色沁。扁平心形。透雕雙層工。器中心刻結跏趺坐佛像，下飾盛開的蓮花，為蓮花座。底紋為纏枝花草。層次感強。器邊角飾火焰紋，亦稱背光，低于主題紋飾。為崇玉信佛者理想的玉佩件。

明　白玉　功夫小子

長7.3厘米　寬5.6厘米　厚1.6厘米

白玉質，有隔。局部留皮，呈桂花黃和鐵銹色。立體圓雕。功夫小子弓部站立，腰帶緊束，高挽雙袖，雙手擎一棒。人物之神情、力度均刻劃得逼真傳神，有虎虎生威之感。

明　白玉　持荷童子

高7.7厘米　寬4.2厘米　厚2.5厘米

白玉質，普遍受沁，呈黃褐色。圓柱形，圓雕，
雕刻欠工，拋光良好。

明　青玉　蟬

長5厘米　寬3.4厘米　厚2厘米

青玉質，細潔溫潤。圓雕。蟬頭大身小。雕琢細致，形象真實，拋光明亮。蟬首鑽牛鼻穿，便于佩挂。

明　白玉　轉心雲紋　出廓璧

長6.6厘米　寬4.33厘米　厚0.4厘米

白玉。璧扁圓形。中孔內雕琢轉心花輪。外徑兩面各刻飾三組勾連雲紋，每組大小相當，較為別致。廓外對稱透雕卷草紋，卷草紋兩兩相對，呈山字形。

明　白玉　雙歡　佩

長5厘米　寬4.2厘米　厚1.8厘米

白玉，致密溫潤，材質上乘。用整塊和田白玉仔料圓雕雙獾佩件。雙獾互為依傍，搏逐嬉戲，構思巧妙，雕刻細膩。獾諧音歡，雙獾玉雕寄托了人們對歡樂生活的向往之情。

明　白玉　蟬形　佩

長6厘米　寬2.8厘米　厚1.6厘米

白玉泛青，滋潤晶瑩。局部有黃褐色心。仔料圓雕。雕琢刻劃工細寫實，蟬之眼、翼刻劃更是逼真傳神。蟬在兩漢以前曾作葬玉廣為流行，稱玉晗。蟬形象可愛，其蛻衣而生，象徵再生不死；棲高枝飲甘露，寓義高潔；鳴聲宏亮，則表示事業成功，一鳴驚人。因此漢以後其葬玉功能逐漸淡化，成為寓意美好的佩挂件。該蟬頂端斜鑽孔似象鼻眼，表明其佩玉功能。

明　白玉松下問童子　如意吉子

長9厘米　寬5厘米　厚0.5厘米

白玉滋潤。橢圓形。面隆起。浮雕唐詩《尋隱者不遇》意境，雕琢精細。詩畫合一，給人以藝術享受。

明　白玉　福壽如意　片

長6.8厘米　寬5.2厘米　厚0.5厘米

白玉溫潤。扁平長方形。透雕雙層工。長方形邊框雕琢成委角竹節形。框內主題為荸薺、蝙蝠、靈芝和梅花，底紋為纏枝花草。紋飾寓意美好、吉祥。

明　白玉　獅鈕方印

高2.7厘米

白玉，細潔滋潤。印身呈方柱形。印首圓雕獅子鈕。

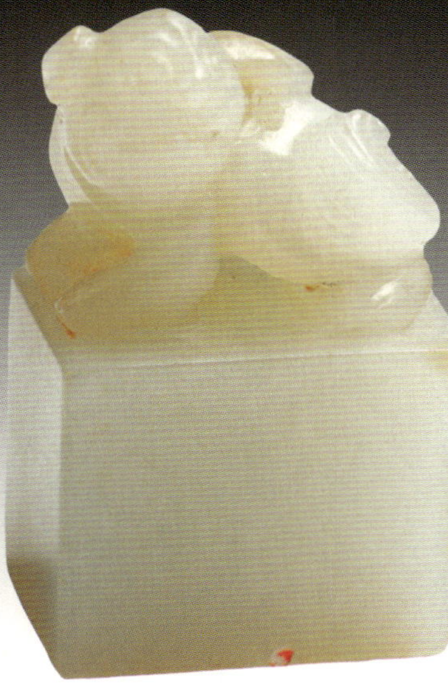

明　白玉　魚形鼻烟壺

長7.2厘米　寬3.6厘米　厚1.7厘米

白玉質，有綹，受沁，呈棗皮紅色。略作扁橢圓形。圓雕為魚形，大而長的嘴，圓而凸的雙眼，背鰭高聳，尾部短促。口部有洞孔，用于向內儲鼻烟。缺蓋和匙。形製獨特。

明　白玉　牽牛花

長6厘米　寬3.7厘米　厚1.5厘米

白玉溫潤，局部受沁呈黃褐色。鏤空圓雕。牽牛花纏繞在樹樁周圍。雕琢精細，形態逼真生動。為一件象生玉雕佩件。

明　白玉　螭銜靈芝紋　璧

直徑6厘米　厚1.1厘米

白玉。扁圓形，中穿孔。正面浮雕口銜靈芝螭紋。
構圖緊密，靈芝呈雲頭狀，整體橫長跨越孔徑。
此璧紋飾獨具明末清初玉器特色。

明　白玉　羊頭　帶鈎

長8.8厘米　寬1.8厘米　高1.6厘米

白玉，細潔溫潤，材質佳好。鈎首圓雕羊頭，刻劃精細，盡顯溫順如意之神情。

明　白玉　梅花紋　雙把杯

長11厘米　寬9厘米　高5厘米

君子比德于玉。梅花冰清玉潔，亦為花中君子。這隻玉把杯巧妙地利用皮色、肌理把梅樹梅花的鐵骨冰肌很好地展示出來。

明　白玉　花卉紋　片

長7厘米　寬6厘米　厚1厘米

白玉，純白滋潤。長方形，透雕雙層工。長方形素面邊框。框內飾纏枝花卉紋。其中花葉為面上紋飾，底紋為枝幹，層次分明。這種玉片往往同金銀等鑲嵌使用，所謂金鑲玉，達到富貴榮華的裝飾效果。

明　白玉　麒麟送子　佩

高4.5厘米　寬5.5厘米　厚3.5厘米

白玉質，局部受黃褐色沁。圓雕。麒麟作臥伏狀。牛形鼻，靈芝形耳，圓眼大眉。口銜一柄靈芝。麒麟為瑞獸，靈芝則千年而成，服後長壽。同時諧音子。故該器有子孫昌盛、祥瑞壽康之意。

明　碧玉　龍首螭紋　帶鈎

長12.5厘米　寬2.5厘米　高2.8厘米

碧玉，局部受沁，呈黃褐色。鈎首雕刻龍頭，鈎身正面高浮雕一條螭龍。龍、螭的造型風格均具漢代特徵，為仿製作品。螭頭與龍首相對而望，因此，這種題材被稱作“蒼龍教子”和“望子成龍”。背面光素，琢有圓柱形鈕。

明　石子料　葫蘆童子

長2.5厘米　寬4厘米

漢白玉石料，局部仿黑漆沁。圓雕。童子爬伏于葫蘆之上。刀法粗獷。該器之材質、沁色、雕工等均可供玉器鑒藏者參考借鑒。

明　白玉　龍紋　桃形帶銙

長5.8厘米　寬5.9厘米　厚0.7厘米

白玉質地，黃褐色土沁，局部受綠色沁。桃形。透雕龍紋和松枝、靈芝紋。龍紋形象欠工，刻劃粗糙。為明代玉作“明大粗”的實例。

明　青玉　乳釘紋　雙耳杯

長11.2厘米　寬3.8厘米　高3.1厘米

青玉質，有隔，局部受褐色沁和赭黃色沁。杯圓口，弧腹，圈足，似碗形。杯身碾琢三排乳釘紋，渾圓高凸，地子欠平整。方形雙耳，耳面呈圭形。造型古樸典雅，為明中晚期仿古彝器杯。

明　白玉　聯珠春水紋　片

直徑7.4厘米　厚0.5厘米

白玉質，器呈橢圓形片狀。透雕單面工。器中心雕琢一隻驚慌失措的天鵝，藏身于蓮塘荷葉下，目的在于躲避天敵海東青的襲擊。遼金時期，春秋捺鉢，春天用海東青狩獵天鵝，因此這種題材稱作春水紋。天鵝高凸過邊框，層次感、立體感均十分強烈。聯珠圍成圓形邊框，顆粒飽滿。

明　白玉　福祿壽　挂件

長6.8厘米　寬4厘米　厚1.2厘米

白玉，致密溫潤，留皮巧雕，皮呈紅褐色。圓雕，渾圓光滑。二隻葫蘆間纏靈芝紋。葫蘆諧音福祿，靈芝表示長壽。故這件葫蘆靈芝紋挂件亦稱福祿壽挂件。

明　白玉　龍紋鉈尾

長1.5厘米　寬4.6厘米　厚6厘米

白玉泛青，局部受黃褐色沁。長方形，一端弧圓。兩層透雕。底紋為雕琢細密均勻的窗欞式錦地紋。主題紋飾為升龍紋，龍細頸四爪，雙角，毛髮向額前飄，靈芝分叉尾。另有海水江牙、靈芝、祥雲和火球等輔紋。

明　白玉　秋葵紋　片

長5.5厘米　寬3.4厘米　厚0.4厘米

白玉，局部受沁蝕，呈鷄骨白和鐵銹色。器作扁平長方形。透雕雙層工。主紋為枝葉茂盛，鮮花怒放的纏枝秋葵。中間有海棠花式開光，開光內以流雲錦地紋為地紋。

明　白玉　鹿紋　花草紋　片

長5.5厘米　寬4.7厘米　厚0.6厘米

白玉。扁平橢圓形。透雕單面工。聯珠紋圍成邊框，珠紋小巧。框內飾鹿紋、葫蘆和纏枝蓮紋。

明　青玉　山子　筆架

高5厘米　長7厘米　厚2.1厘米

新疆和闐“仔”料留皮圓雕，正面雕刻崢嶸山峰和千年靈芝。此器雕工精練，構思巧妙，既具筆架實用，又可作擺件欣賞。是明代玉雕中的精品。

明　青玉　獸面蕉葉紋　觚

高12厘米　寬5.6厘米　厚2.7厘米

青玉，有綹，局部受沁，呈赭黃色。仿商周青銅器觚式。敞口，口沿至腹部逐漸內收，成喇叭狀，長頸。腹圓鼓。脛部自上而下微微外侈。矮直圈足。頸部和脛部紋飾相同，分別刻劃仰覆蕉葉紋，腹部則雕琢獸面紋。圓觚四周還凸雕出四條戟，亦稱扉棱。

明　白玉　雙螭雲紋　出廓璧

長7.4厘米　寬5.8厘米　厚0.4厘米

白玉，鐵銹色沁。扁圓，中孔圓而大。璧面隆起，上刻飾勾連雲紋。雙螭攀突于璧外，螭首及足過璧緣而入。

明　白玉　牛

長7.5厘米　寬2.8厘米　高4.2厘米

白玉，細膩潔白。局部留皮，呈灑金黃色和赭褐色。隨形圓雕，并巧用皮色。牛作臥伏歇息狀，形神刻劃工細。口銜樹枝。牛敦厚勤勞，為人類的好幫手。

明　白玉　龍紋　帶銙

長7.2厘米　寬5.8厘米　厚0.6厘米

白玉質，受黃褐色沁。長方形，扁平。鏤空單面工。
四周飾長方形窄邊框。框內雕琢上下二層紋飾。
上層以升龍紋為主題，四角飾蝠紋、鳥紋和荷花。
底層紋飾為卷草紋。

明　白玉　人上人　佩

高6厘米　寬3厘米　厚1.8厘米

白玉，潔白細膩，致密溫潤。圓雕。主題為二童子形象，一屈膝而坐，雙手各握一餅。另一童子則站立，雙手握拳上舉，昂首張嘴，似發出吶喊聲。坐者溫馴，立者高大不馴。這種造形的人物佩玩件，被稱作人上人，警示人們銳意進取、艱苦奮鬥，過人上人的美好生活。

明　白玉　衣錦還鄉人物　佩

高6.5厘米　寬3.8厘米　厚0.3厘米

白玉質，致密溫潤，拋光明亮。圓雕，器形寬扁圓渾。畫面主題為人物，峨冠博帶，神情莊重。坐騎則比例較小，為人物之陪襯。不像馬，更似驢，但神情可愛，步履矯健，烘托出主人矜持不苟、衣錦還鄉的微妙心態。

明　白玉　望子成龍　佩

高5.4厘米　寬2.6厘米　厚2.2厘米

白玉，材質佳美。立柱形，圓雕。畫面主題為一老翁，弓背而立，鶴髮長髯，長袖大衫。面目慈愛，眼角的魚尾紋刻劃更使其神韵獨具。背負一童子，胖臉向天，狀極可愛，顯為老翁的孫輩。此類題材的玉雕作品表達了古人望子成龍的旨意。

明 白玉 桃紋 單把杯

長10厘米 寬4.8厘米 高4.4厘米

白玉，有綹，有飯糁，局部受沁，呈赭黃色。整器圓雕。杯侈口，深弧腹，矮圈足。杯腹一側鏤空雕刻桃枝紋把，把與杯口沿齊平。杯外壁刻劃桃枝桃葉，與圓雕的桃紋把相呼應。

明　黃玉　持荷童子　佩

高5.6厘米　寬2.8厘米　厚1.2厘米

黃玉質，受沁呈黑褐色。圓雕持荷童子。該器材質一般，琢工欠佳，為明代民間粗率玉作風氣的代表作品。

明　白玉　壽字麒麟紋　片

長6.7厘米　寬5.7厘米　厚0.7厘米

白玉，大部分受沁。扁平長方形。鏤空單面工。長方框內開海棠花形開光。開光內雙層透雕，以四塊細密均勻的窗欞紋為底紋襯托，上首雕刻壽字，壯實威猛的麒麟為畫面主題。四個邊角各飾一纏枝蓮紋。

明　白玉　孔雀牡丹紋　帶銙

長6.5厘米　寬4.2厘米　厚0.7厘米

白玉質。長方形，二層透雕孔雀牡丹紋，象徵高貴榮華。

明 白玉 匜形 耳杯

長10.2厘米 寬3.5厘米 高3.5厘米

白玉，有飯糁，局部有黄褐色沁。杯口略作長橢圓形，後端寬。杯身外壁口沿一周減地素面，近似子口。口部往下腹弧收，橢圓形圈足。單柄長方鋬，長方孔洞內有砣鑽痕迹。造型洗練，紋飾素雅，為明仿古青銅器形杯。

明　白玉　花枝紋　片

長9厘米　寬6厘米　厚0.6厘米

白玉質。略呈三角形，片狀。鏤空單面工。整片玉雕琢成枝葉茂盛、鮮花競放的花枝狀。工藝精湛，玲瓏剔透。

明　青玉　牛

長7.8厘米　高4厘米

青玉質，有綹，留皮，受蝕。圓雕。牛作臥地休息狀。身體健壯，神態溫和。雕刻技法簡潔粗獷。包漿沉穩。

明　碧玉　“石士”款竹節紋　香爐

直徑4.3厘米　高7.6厘米

碧玉質。局部受沁，呈黑色和黃褐色。爐身琢成竹節形，器口圓渾，下承竹片狀三矮足，外底陰刻“石士”字款。造型生動，拋光明亮。

明　白玉　萬字紋　花錢

直徑5.5厘米　厚0.3厘米

白玉泛青，有飯糁。玉錢外圓內方。方孔內飾萬字。正面陰刻“正德通寶”四字楷體。上下各鑽一圓孔，便于繫縛佩挂。

明　白玉　雙鳳和合　鎖片

長9厘米　寬5.5厘米　厚0.4厘米

白玉泛青。扁平海棠花形。左右兩側鏤空雕刻雙鳳。中間牌面陰綫細刻開啓的圓盒和放置盒上的荷花，喻和合二仙。

明　白玉　雙龍環璧　佩

直徑5.8厘米　厚0.5厘米

白玉，滿器受沁呈黃色，局部留皮。有鐵銹色斑點。
整器呈扁平橢圓體。透雕雙面工。璧中孔較大，
故宜稱環，圓孔內飾朵花。緣外上部飾雙龍戲珠紋。

明 白玉 螭紋 璧

直徑5.8厘米 厚1厘米

白玉，細膩溫潤。璧圓形。正面浮雕螭龍一條。
龍身綿長，圓形盤曲，首尾相連。

明　白玉　持荷童子　佩

高4.4厘米　寬2.7厘米　厚1.8厘米

白玉，細膩溫潤，局部帶黃紅色皮子。圓雕。童子面相飽滿豐腴。雙手持荷站立。

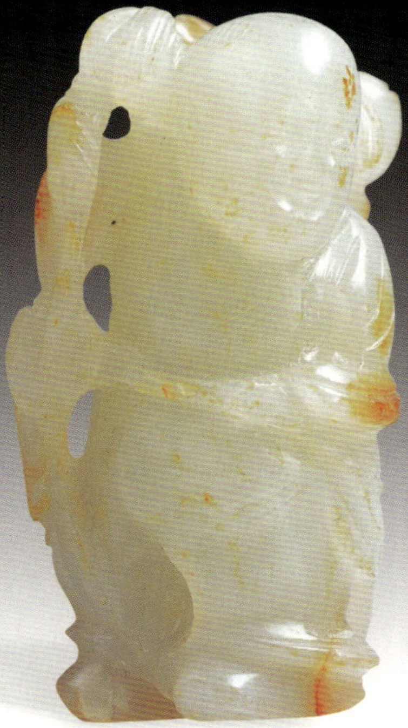

明　白玉　福祿童子　佩

高5.7厘米　寬3厘米　厚1.6厘米

白玉，材質上乘，局部見黃褐色皮子。圓雕。老翁與童子相依而立。老翁廣額長髯，側臉顧盼侍立一側的童子。目光慈祥。着長袖大衫，身稍躬。一手高舉後仰，執葫蘆。童子梳雙髻，緊依老者身旁。這種翁孫相傍樂天倫的題材，為中國老百姓祈求福祿壽康的生動體現。

明　白玉　龍首螭銜靈芝紋　帶鈎

長13厘米　寬2厘米　厚1.8厘米

白玉，局部受沁，呈紅褐色。鈎作龍首。鈎身長方形，中部圓隆。尾部上卷。鈎身正面浮雕螭銜靈芝紋。兩側面飾雲紋。底部有橢圓形鈕。

明　青玉　花鳥紋　方觚

高16厘米　寬8厘米　厚4.3厘米

青玉質，有飯糝，局部淺黄褐色沁。用一塊大玉料雕琢而成。造型典雅，規格高大。觚體截面近正方形，四面出戟。外壁淺刻花鳥紋圖案。為實用器，也可作陳設品。

明　白玉　龍首牡丹紋　帶扣

長4.8厘米　厚1.5厘米

白玉質地，局部黃褐色沁。略呈長方形。由鉤和環兩部分組成。鉤作龍首形，環一端有橢圓形孔，便于鉤首扣合。鉤環表面各浮雕一枝牡丹花紋，花、葉層次分明，真實自然，寓意富貴榮華。底部各雕琢一圓形鈕，用于帶上固定。

明　白玉　雙魚銜荷花　佩

長7.5厘米　寬3.4厘米　厚1.1厘米

白玉，純潔滋潤。圓雕雙魚銜蓮枝。象徵男女愛情純潔美好。

明　白玉　腰纏萬貫人物

高7.5厘米　寬3.6厘米　厚1.8厘米

白玉溫潤，局部留杏紅色皮，材色均佳。圓雕人物立像。人物高額豐頤，膀寬腰圓，着開襟寬袖外套，坦胸露肚，手持一枚大錢置于腹前，乃富貴人的形象。

明　白玉　馬上封侯　墜

長5.8厘米　寬3.5厘米　高3.8厘米

白玉，細膩滋潤。圓雕。馬呈着地翻滾狀。旁攀附一猴，一前爪扯繮繩。動物形象刻劃細致。這種題材即具馬上封侯之意。

明　白玉　撓背人物

高7厘米　寬5厘米　厚1.2厘米

白玉質，圓雕，人物屈身而立。着寬袖外套，坦胸露肚，頭偏一側，一手半舉胸前，另一手則高舉，為後背抓痒。神情逼真，生活氣息濃郁。

明　白玉　馬上封侯　帶扣

長7.2厘米　寬5.5厘米　厚1厘米

白玉，純潔滋潤。略呈橢圓形。中部微隆。馬曲體臥伏，馬背上攀附一猴，雙爪握壽桃，桃紋透雕。背部琢兩圓鈕，用于繫帶。

明　白玉　官上加官　如意吉子

長8厘米　寬4厘米　厚1.5厘米

白玉留皮，呈金黃色。橢圓形，正面圓隆。為三鑲玉如意之中部鑲玉。畫面高浮雕一棵鷄冠花，花下站立一隻公鷄，公鷄鷄冠高聳。該題材寓意為官上加官。同時留皮巧雕，恰到好處。

明　白玉　鵝頭卷尾帶鈎

長9.5厘米　寬1.7厘米　高2.1厘米

白玉。鈎作鵝頭形。鈎身細長，尾部上卷。鈎身兩側減地琢出兩條凸棱，綫條優美，底有橢圓形鈕。

明　白玉　龍首螭紋帶鈎

長12.6厘米　寬2.5厘米　高2.8厘米

白玉瑩澤，受蝕重，滿布芝麻狀蝕孔。鈎琢成龍首形，隆鼻突眼，有長角。鈎身長方形，棱角鮮明，面上透雕一螭，與龍首相望。底部有橢圓形鈕。

明　青白玉　蓮鵝紋　佩

長5厘米　寬6.5厘米　厚2.2厘米

青白玉，經人工火燒作沁，色澤斑駁。圓雕。鵝棲息于翻卷的荷葉之中，充滿情趣。

明　白玉　歲歲平安紋　扳指

直徑3.3厘米　高2.3厘米

白玉，受沁，呈赭黃色。矮圓筒形。上下端平直，口角邊綫渾圓光滑。外壁刻劃二隻鵪鶉和一簇稻穗，并襯以山石。綫條粗率。當用砣輪陰刻而成，有青藤、白陽大寫意之風。穗諧音歲，鵪鶉寓平安，故這種題材通俗稱作歲歲平安。

明　白玉　龍首螭銜靈芝紋　帶鈎

長9厘米　寬2厘米　高2.1厘米

白玉質，受黃土沁，局部鈣化，有蝕孔。鈎作龍首形。鈎身長條形，上面透雕一爬螭。螭口銜靈芝，與龍首相望。底部有橢圓形鈕。

明 白玉 龍首雲紋 帶扣

長12厘米 厚4.5厘米

白玉溫潤，桂花色沁。由鈎環兩件組成。鈎作龍首形，環一端有橢圓形孔。器面碾琢成圓璧形，好部下凹，但未洞穿。璧面減地雕琢勾連雲紋，地子欠平整。鈎環底部各有一長方形穿孔，供穿帶用。

明　白玉　龍首螭紋　帶鉤

長10厘米　寬1.5厘米　厚1.8厘米

白玉留皮，皮呈栗殼紅色。為巧雕之作。鈎作龍首形。鈎身圓渾，近螳螂肚狀，上浮雕螭紋。底有橢圓形鈕。

明　白玉　萬壽紋　片

直徑4.7厘米　厚0.8厘米

白玉質。器扁平，海棠花形。透雕雙層工。主題紋飾為壽字，及萬字紋和一朵蓮花。底紋為窗欞式錦地紋。

明　白玉　持荷童子　佩

高5.3厘米　寬2.8厘米　厚1.2厘米

白玉，局部有飯糁。圓雕。童子寬臉大鼻，梳雙髻，素體赤足。雙腿曲膝，踞坐于石蹬上。一手置胸前，一手握荷舉于腦後。

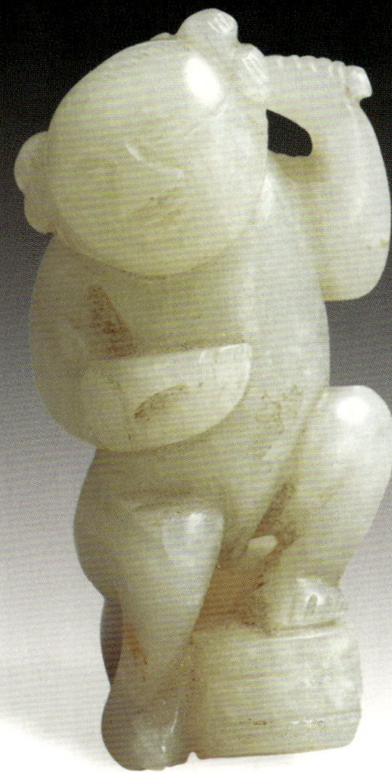

明　青玉　龍首　帶扣

長10厘米　寬4.7厘米　厚1.2厘米

青玉質地，土黃色沁。由鉤和環兩件組成。鉤作龍首形，環一端有長方形孔，鉤環相扣後呈長方形。器身呈拱橋形，弧度適中，邊棱挺直，棱角分明，光素無紋，琢磨之工不亞于有紋飾者。底部各有一個長方形穿孔，供穿帶用。

明　青玉　八思巴紋　扳指

高2.2厘米　直徑2.7厘米　厚0.3厘米

青玉，受沁嚴重，呈棗皮紅色。矮圓筒形，上下平直。上下口琢磨成唇狀。外壁粗綫陰刻四個八思巴紋，餘則光素無紋。

明　青玉　龍首螭紋　帶鈎

長9.8厘米　寬3.4厘米　高2.8厘米

青玉質，有隔，有雜色。鈎琢成龍首形，有雙角。鈎身長方形，棱角分明，高凸雕一條爬螭，與龍首相對而望。底有橢圓形鈕。

明　白玉　乳釘紋　爵形杯

長9.4厘米　寬4.5厘米　高9厘米

白玉，有綹，色澤欠純，局部青色。造型仿商周青銅爵。鏊琢成龍形，腹部裝飾乳釘紋。

明　白玉　雲蝠紋　印

高6厘米

白玉，致密潤澤。留皮，呈灑金黃色。近圓柱形，隨形留皮巧雕。匠師依據皮子的位置和色澤，巧施雕刀，刻劃出如意雲紋和蝙蝠紋。飛翔的蝙蝠高居雲端，雲紋則酷似絢麗的晚霞。

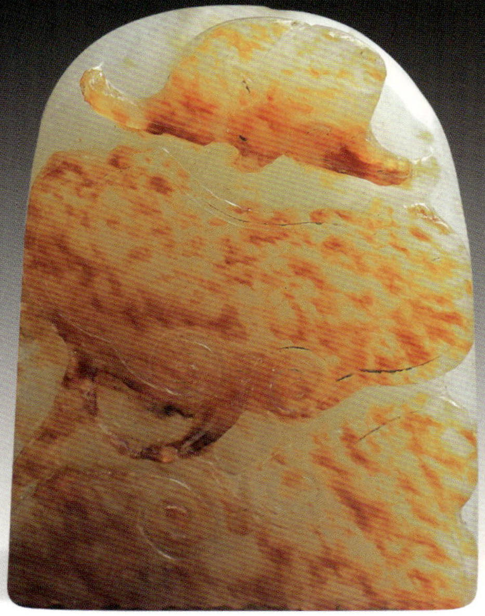

明 白玉 道士

高5.6厘米 寬3.2厘米 厚1.6厘米

白玉細潤，局部桂花色皮子。圓雕人物擺件，配紅木底座。道士作蹲踞狀，頭戴道士帽，身穿寬袖長袍，一手上舉撫腮，一手捧杯于胸前。

明 青玉 方壺

長18厘米 寬8.8厘米 高11.2厘米

新疆和闐青玉，溫潤細膩。有羅花絮狀斑點和黃褐色沁斑。方形圓雕，器分蓋、身二部分組成。蓋圓鈕，覆豆形。身開光，以素雅棱角和層次感做飾口，有流。把手浮雕龍頭，嘴部對鑽一孔，用于連接器蓋。此器雕琢簡練大方，具典型的明代風格。

明　白玉　東方朔偷桃　佩

高7.1厘米　寬3.7厘米　厚2.4厘米

白玉，受黃褐色沁。圓雕。東方朔壽額長髯，神態慈祥。背負一棵碩大的壽桃。身着對襟大衣，表現衣紋的刀法簡練明快，有漢工遺風。東方朔偷桃，典出神話故事中西王母壽辰之蟠桃盛會。故舊時多以東方朔偷桃為賀男壽之壽禮。東方朔偷桃逐漸被賦于男壽星的含義。

明　白玉　達摩面壁像

高12厘米

明 白玉 秋山紋 鉈尾

長15厘米 寬5.6厘米 厚0.8厘米

白玉質。長方形，一端弧圓。二層透雕。底層為萬字紋。上層雕刻三鹿紋和三棵深秋喬木。鹿紋一抬頭，一回首，一低頭趨尾，情態各异。鹿眼均為陰刻三角形。秋山紋題材同春水題材一樣，均為遼金以來流行的裝飾紋樣。

明　白玉　瑞獸

長6.3厘米

明　青玉　龍鳳壽字紋　壺

高10厘米

青玉，受沁，呈灰褐色。壺平直口，豐肩，直腹，下腹弧收，圈足。腹部淺浮雕龍鳳紋和壽字。置流和把，把雕琢成龍紋，頂鑽長方形孔。蓋平，背微隆，浮雕卷雲紋，頂圓雕一蹲獅為鈕。腹部鑽一圓孔，便于穿繫并同壺把聯結。

明　青玉　京戲臉譜頭像

長9.5厘米　寬8厘米　厚1.3厘米

青玉，有隔，受黃褐色沁。圓雕。鬚眉眼髮均刻意求工，且打磨精細，輪廓清晰。為徽班進京，京戲成為國劇後，清代玉工的創新之作。

明 白玉 萬壽紋 片

長6.2厘米 寬4.9厘米 厚0.6厘米

白玉質，局部受蝕。長方形，透雕單面工。畫面飾萬字紋，纏枝秋葵和一對綬帶鳥。寓意“萬壽無疆”。

明　白玉　雙螭紋　出廓璧

長10厘米　寬6厘米　厚0.9厘米

白玉，滋潤亮澤。整器扁橢圓形。璧扁圓，中穿圓孔。左右兩側運用透雕、浮雕等技法裝飾攀突于璧外的螭龍兩條。出廓璧是擬古之器，其總體特徵是：螭紋複雜，高凸浮雕，攀附于璧面，螭紋二至九條不等。

明　白玉　鳥紋鏤空佩

長7厘米　寬6厘米　厚0.6厘米

明　白玉　螭紋　璧

直徑5.2厘米　厚0.7厘米

白玉，溫潤，留皮，呈杏紅色，扁圓形。輪廓打磨精細，圓渾光滑。璧面高浮雕一螭，形神皆備，拋光明亮。

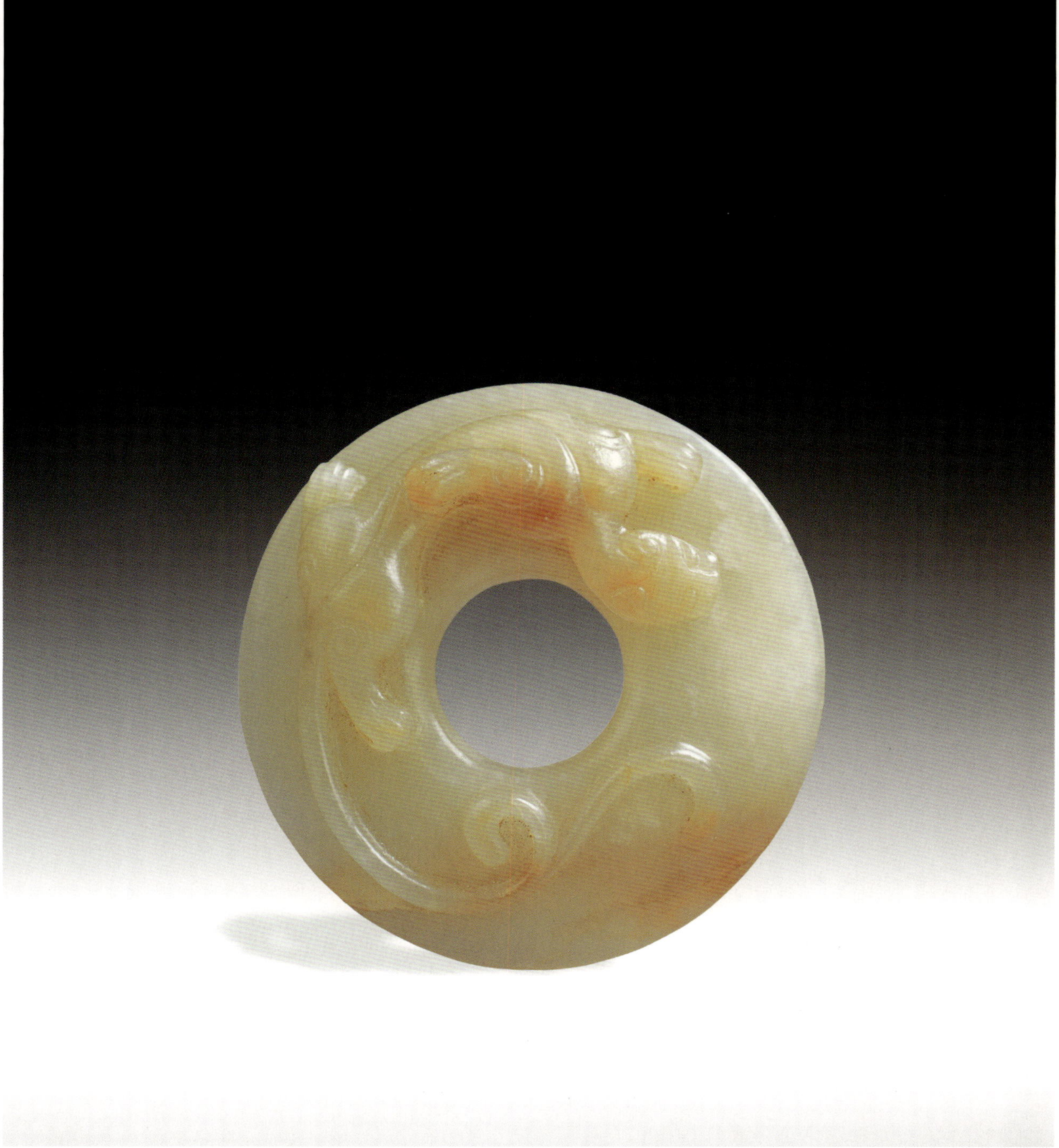

明　白玉　七童子　片

長5.8厘米　寬4.4厘米　厚0.8厘米

白玉，致密晶瑩。長方形，片狀。鏤空單面工。雙層透雕，主題為七童子，上面三人，下面四人，或彼此牽手，或手持花卉、小扇，互相嬉戲玩樂。底紋為細密均勻的窗欞紋。這種單面雙層透雕作風為明代玉片的重要特徵之一。

明　白玉　雙龍壽字紋　帶銙

長7.3厘米　寬5.5厘米　厚0.7厘米

白玉，受赭黃色沁。長方形，扁平。鏤空單面工。四周為長方形窄邊框。框內飾二層紋飾。上層飾左右兩條五爪降龍，中間上下分別為壽字紋和江崖。底紋為窗欞式錦地紋。

清　青玉　太平有象　擺件

長12.5厘米　寬6厘米　厚9.5厘米

青玉，滋潤瑩澤。規格高大，整器圓雕。大象雕刻逼真生動。象背鏤空碾琢三隻瓶子，安祥端莊，寓意太平有象。

清　青玉　梅桩紋　筆筒

高12.5厘米　寬5.5厘米　厚2.6厘米

青玉，局部留黄褐色皮子。隨形立體圓雕，并巧用皮色。筆筒設計成一截梅樹桩的形象，蒼杆虬枝，老樹新花，均刻劃得真實形象，并賦于了鐵骨冰肌、凌寒獨妍的人文意境。

清　白玉　荷葉童子　佩

長4.4厘米　寬2.8厘米　厚0.9厘米

白玉，質地細膩溫潤，局部留皮，呈橘黃色。圓雕。童子赤身素體側臥于荷葉上。童子比例較小，而體膚潔白嬌嫩，背負荷花。為一件成功的巧雕之作。

清　白玉　羊

高4.3厘米　寬4.1厘米　厚1.8厘米

白玉細膩滋潤。圓雕，羊伏地而息，壯碩溫和，
有二長角。局部鏤空，便于佩挂。寓意吉祥如意。

清　白玉　雙歡　佩

長5厘米　寬2.7厘米　厚1.9厘米

白玉，滋潤晶瑩。隨形圓雕。一大一小兩隻獾爭鬥嬉戲，生動傳神，表達歡樂美好之意。

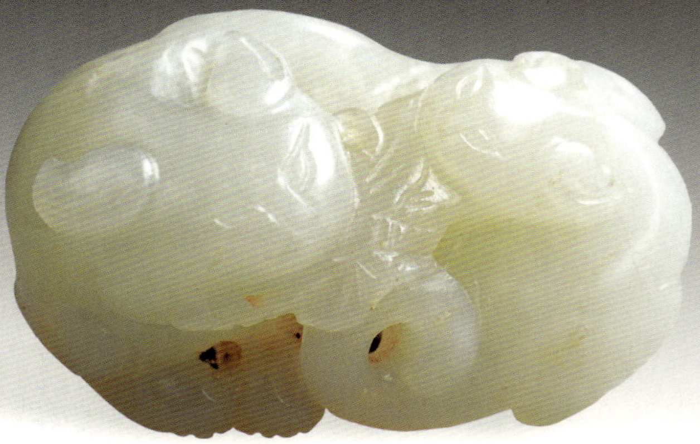

清　白玉　蓮荷紋　佩

長2.6厘米　寬4.2厘米　厚1.8厘米

白玉，留杏紅色皮子。隨形圓雕。留皮處巧雕一張枯老的大荷葉為襯底。餘則鏤空加刻劃，雕琢舒張的荷葉和初綻的蓮花，枝蔓相依，綫條流暢，生機盎然。

清　白玉　戲劇人物　佩

長7.6厘米　寬6厘米　厚1.7厘米

白玉，微閃青，局部見黃褐色皮子。圓雕京戲中武生形象。全身披挂鎧甲，一手執盾，一手握劍，單腿站立。細部刻劃一絲不苟，神情更是惟妙惟肖，似可聞畫外那鏗鏘的鑼鼓聲。

清　白玉　菱角葫蘆　佩

高5.7厘米　寬3厘米　厚2.1厘米

白玉，質地細膩滋潤，局部留紅褐色皮子。整塊和田仔料圓雕。菱角之菱通靈巧之靈。葫蘆諧音福祿。故這件瓜果佩被賦于了吉祥美好的寓意。

清　白玉　雙童

高5厘米　寬3.2厘米　厚1.7厘米

白玉，質地致密溫潤。圓雕，器形渾圓，邊綫光滑，拋光良好。二童子一大一小，大者站立，雙手捧瓶，小者蹲伏，雙手嬉撫一獾。皆高額雙髻，笑容燦然，着寬大外衣，衣紋清晰。瓶即平安，獾諧音歡。該雙童佩件表達平安歡樂的願望和祝福。

清　白玉　雙歡　佩

長4.8厘米　寬4.4厘米　厚2.5厘米

白玉質，潔白滋潤。團狀。圓雕。作者運用鏤空、打磨、刻劃等手法雕琢兩隻追逐嬉戲的獾，形象真實，神態傳神。獾諧音歡。雙獾表示男女恩愛、朋友相親的意趣。

清　青玉　山子

高10.6厘米　寬8.4厘米　厚3厘米

用整塊和田仔料，保留其自然形態和皮色。僅在山子一側稍施雕刀，琢刻出一棵形神兼備的虬枝蒼松。

清　白玉　蟬

長3厘米　寬2.4厘米　厚0.4厘米

蟬諧音財。同時依據蟬的生長規律，有羽化成仙，長生不老的寓意。該玉蟬，質材上乘，雕刻精美，乃佩玉之佳者也。

清　白玉　龜鈕圓印

直徑1.1厘米　高3.7厘米

白玉，細膩滋潤。印呈圓柱形，頂琢龜鈕。雕刻精致，拋光明亮。

清　白玉　烟嘴式　瓶

高11.8厘米　寬4厘米　厚2.9厘米

白玉。造型設計奇巧，成四烟嘴聯體式，截面為四瓣花形。端莊挺秀。

清　青白玉　薰爐

高17厘米

青白玉，質地細潔潤澤。爐身作豆狀。喇叭形圈足，刻覆蓮瓣紋，脛部略呈球形，透雕卷草紋。器腹圓弧，淺浮雕纏枝蓮紋。爐蓋造型呈覆豆狀，蓋身母口，圓弧，四開光，呈海棠花形，內浮雕四季花卉，各開光之間鏤空雕纏枝花卉，并具有使香氣飄逸而出的實用功能。蓋鈕雕琢成盛開的花蕾狀。除此，還在爐身兩側和蓋鈕二側共雕琢出活環十個。

該薰爐造型複雜，紋飾繁縟，技藝高超，具有西域痕都斯坦玉器風格。

清　翡翠　仕女擺件

高17.5厘米

翡翠質，翠色雅淡，種頭佳。圓雕美女葬花。女子梳高髻，臉龐清秀，着寬袖長衫，曳地長裙，衣紋飄帶，雕刻生動，若吳帶當風。背負花鋤花籃，亦細致逼真。為一件饒有藝術水準的翡翠雕件。

清 白玉 執扇童子

高6厘米 寬2.6厘米 厚1.6厘米

白玉，局部受沁，呈赭黃色。圓雕，童子側身而立，圓頭大耳，身體肥胖，上身着寬袖大衫，下身繫圍裙。敞懷露肚。一手高舉執扇，一手置後背。扇作桃形，比例奇小，為大頭擋烈日，頓生幽默滑稽的童趣。

清　墨玉　牧牛童子

長2.9厘米　寬2.3厘米　厚1.5厘米

巧雕之作。牛為奔跑的水牛，色澤墨綠，恰與水牛之膚色相彷彿。牛背上騎坐一童子，比例小巧，玉質潔白溫潤，又恰似童子稚嫩的體膚，該作品善用俏色，設計高妙，不事雕琢，而神韵獨具，為玉雕精品。

清　白玉　穀紋　璧

直徑5.8厘米　厚0.7厘米

白玉，滋潤亮澤，材質佳美。扁圓形，形製規範。
雙面飾穀紋，雕琢精細。

清　白玉　螭紋　鼻烟壺

高7厘米

白玉温潤，局部留皮。壺腹作扁鼓狀。兩側起凸棱，兩面淺浮雕盤曲的螭龍。缺蓋和匙。

清　碧玉　螭雲紋　杯

高11厘米　寬10厘米　厚7厘米

碧玉滋潤，局部受赭黃色沁。隨形雕琢。杯深腹、圜底，口沿外翻，略近喇叭花狀。杯沿刻劃如意雲紋。杯外壁高凸雕一條爬螭，口部銜住杯沿。

清　白玉　高士紋　帶扣

長6厘米　寬3.7厘米　厚1.1厘米

白玉，致密溫潤。長方形。邊框碾琢成海棠花形。
扣面淺浮雕一高士，長鬚寬袍，一派仙風道骨。
底部左右有兩個圓鈕，供在帶上固定。

清　青玉　鵪鶉銜穗

長8厘米　寬5.7厘米　厚1.4厘米

青玉，局部留皮，呈杏黄色。圓雕。鵪鶉肥壯，委地棲息。口銜二枝稻穗。雕刻精細，一絲不苟。鵪鶉銜穗，諧音寓意，歲歲平安。為十分流行的玉雕題材。

清　白玉　鵝荷紋　佩

高4厘米　長4.7厘米　厚1.5厘米

白玉泛青，滋潤亮澤。呈饅頭狀。透雕。雙鵝相依而棲息于水面，口銜蓮枝荷花。寓意和和美美。

清　白玉　夔龍紋　喜字

長7.1厘米　寬4.5厘米　厚0.6厘米

白玉，閃青。器形呈長方形片狀。鏤空雕刻雙夔龍和喜字。

清　白玉　葫蘆紋　佩

長7.2厘米　寬4.7厘米　厚1.2厘米

白玉。圓雕。一大一小兩隻葫蘆，并透雕藤葉蝙蝠，寓意福祿。

清 白玉 石榴紋 牌

長6厘米 寬4.6厘米 厚0.6厘米

白玉。牌作亞字形。天地浮雕靈芝雲紋。牌面刻飾石榴紋。石榴寓意多子多福。

清　白玉　琮形雙管勒子

長7.3厘米　寬3.6厘米　厚1.8厘米

白玉溫潤，局部留杏紅色皮。方柱體形，造型呈兩隻琮并列的樣子，雕刻弦紋和簡意獸面紋。左右各鑽一管，為雙管勒子。

清　青玉　雙菱　佩

長6.3厘米　寬3.5厘米　厚1.8厘米

青玉質，溫潤晶瑩。隨形圓雕香菱二隻，生動逼真。間飾菱草一枝以點綴串聯，其根鬚、葉脈和花蕾的刻劃皆一絲不苟，形神兼備。

清　白玉　一夜求歡　玩件

長7.3厘米　寬4.5厘米　厚1.2厘米

白玉，材質佳美。局部留杏紅色皮子。圓雕。背景為桑葉狀鋪席。一婦女袒胸露乳、赤身裸體仰臥其上。頭綰高髻，枕于如意牙枕上，一手握團扇，一手扶鬓髻，一腿曲膝。女子體態豐腴，肌膚白嫩，恰與白玉質色相呼應。此件乃男歡女愛之物化象徵，為春宮玉雕之作。

清　白玉　葫蘆童子　佩

長3.3厘米　寬3.6厘米　厚2.1厘米

白玉，材色一流，局部留皮巧雕。整器圓雕。童子坐姿，俯身懷抱一顆碩大的葫蘆。童子素身裸體，臉大身肥，壯實可愛。細膩的玉質和嬰孩嬌嫩的肌膚互為比照，相得益彰。同時也寄托了人們對多子多福的憧憬和向往。

清　白玉　童子　挂件

長5.1厘米　寬2.4厘米　厚2.1厘米

隨形立意，圓雕二童子嬉戲場面。衣紋神情惟妙惟肖。

清　白玉　擊鼓童子　佩

高4.8厘米　寬3.8厘米　厚1.3厘米

白玉質地，局部飯糝，留棗紅色皮子。圓雕。童子曲腿蹲坐。頭頂留一撮髮，而笑容燦爛。雙腿夾一扁鼓，一手執槌擊鼓。衣紋寫實，形態可愛，充滿生活氣息。

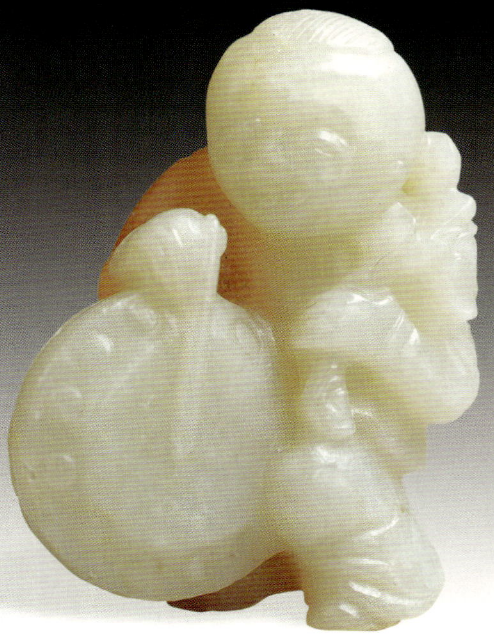

清　白玉　持荷臥童

長6.5厘米　寬2.6厘米　厚1.3厘米

白玉，細潔光潤。隨形圓雕持荷童子。童子翹臀臥伏。圓臉肥體，梳雙髮髻，雙手戴鐲，着綉花肚兜，餘則光身赤體。

清　白玉　葫蘆　佩

長7.5厘米　寬3.8厘米　厚2.3厘米

白玉，質地致密溫潤。局部受鐵銹色沁。隨形圓雕三隻豐碩下挂的葫蘆。首部鏤空，并雕刻相應的枝葉、藤蘿。三為多數，葫蘆諧音福祿，瓜瓞綿綿，又有一本萬利，子孫萬代之意。

清　白玉　吉祥如意　佩

高4.8厘米　長5.2厘米　厚1.2厘米

白玉，純淨溫潤。圓雕一隻大公鷄。鷄嘴啄一枝靈芝草。鷄與吉諧音，靈芝呈如意形。故這樣的紋飾旨在表達吉祥如意的寓意。

清 白玉 螭紋 佩

長7.3厘米 寬4.6厘米 厚1.3厘米

白玉，細潔滋潤。局部留皮，呈灑金黃色。扁平橢圓形。鏤空圓雕。雙面工。整器雕琢成呈S狀彎曲的螭龍，刀法細致，口銜一枝靈芝，并巧用皮色，色彩艷麗，十分生動醒目。

清　白玉　松鶴紋　山子

高13厘米　寬9.7厘米　厚3.5厘米

白玉質，細膩溫潤，局部有隔留皮，皮呈桂花黃。山子造型為危岩巨石。危岩石縫中生長着兩棵蒼勁的老松。松蔭下雕刻一隻立鶴。寓意延年益壽。

清 白玉 鳳棲牡丹紋 山子

高20.3厘米 寬17厘米 厚9厘米

白玉，材質佳，體積也較大。用一塊大料。先用鏤空等技法雕琢玲瓏山石，然後高凸雕盛開的牡丹花和棲息枝頭口銜花枝的鳳凰。山石下還雕琢出兩隻獅子，形體小巧，反襯鳳和牡丹的高大。鳳為百鳥之王，牡丹是花中之王，匠師之立意自明。

清　白玉　蟬

長7厘米　寬3厘米　厚1.6厘米

白玉，潔白溫潤。圓雕，蟬的形象雕琢生動傳神，頗具匠心。蟬首鑽有牛鼻穿，便于佩挂。

清　白玉　戲鵝持荷童子

高4.6厘米　寬2.6厘米　厚2.2厘米

白玉滋潤。圓雕。畫面中雕琢兩童子，一大一小，大者站立持荷，小者蹲伏，雙手嬉戲懷中之鵝。童子臉圓體胖，廣額豐頤，梳雙髮髻。

清　白玉　龍首菊花紋　帶扣

長10.3厘米　寬4.2厘米　厚1.1厘米

白玉，質地溫潤無暇。由鉤和環兩部分組成。鉤首為龍形，環一端為橢圓形孔。鉤環扣合則略呈長方形，器身作拱橋形，表面各浮雕菊花紋，枝繁葉茂，形神皆備。邊棱挺直，綫角分明。底部各有長方形穿孔，為穿帶用。

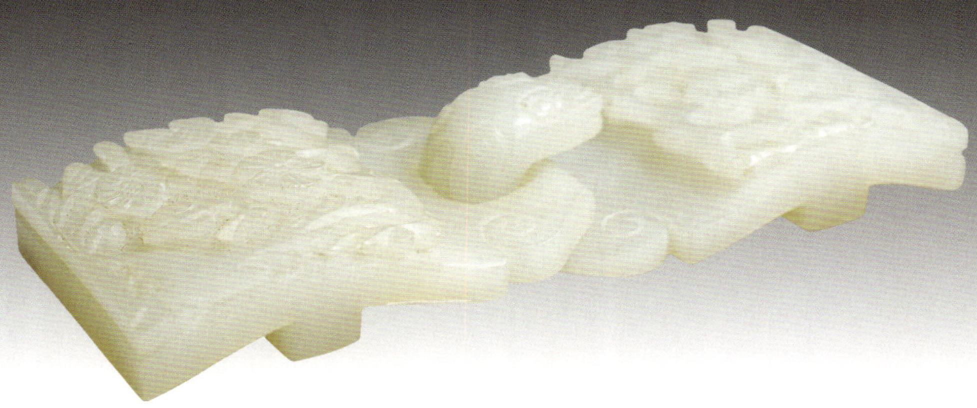

清 白玉 結紋 璧

直徑5.2厘米 厚0.3厘米

白玉，微泛青，致密滋潤。扁圓形，中穿圓孔，形製規整。正面刻飾結紋。結紋是清代常見的裝飾紋樣之一。

清　碧玉　萬壽如意紋　瓶

高9.2厘米　長16厘米　厚3.2厘米

碧玉質，色澤駁雜。用一塊碧玉大料，隨形設計。瓶直口，頸部內弧，鼓腹，喇叭形圈足。頸部刻飾蕉葉紋，腹部雕琢萬字紋，壽字紋和雲蝠紋。有蓋，呈覆缽狀，頂置寶珠鈕。頸部琢出一對龍紋系，內置活環。瓶底部兩側凸雕一顆大靈芝，枝上棲有鳳鳥，口銜靈芝。該玉雕件器形大，寓意吉祥美好，既實用，又可作擺件。

清　白玉　瑞獸祥雲紋　佩

高4厘米　長6.2厘米　厚1.8厘米

白玉，純潔溫潤。圓雕。瑞獸屈肢臥伏，回首後顧。
頷下飾祥雲紋。并琢出三角形孔，用于繫挂。

清　白玉　獸面紋　璧

直徑5.1厘米　厚0.3厘米

白玉，細潔溫潤。璧扁圓形，中有圓孔，形製規整。面飾三組相同的獸面紋。獸面紋減地浮雕，借鑒古器紋飾，用勾連雲紋組成。其中長勾雲紋為嘴，三角狀網格為額，長卷眉，眼臉、鼻翼則彼此相連。構圖嚴謹玄妙，匠心獨運。

清　白玉　騎馬童子　佩件

高6.5厘米　寬3.5厘米　厚1.1厘米

白玉，材色佳美。圓雕。刀法精細，一絲不苟。童子肥頭大耳，開襟大衫，稚態可掬。跨下一小馬，童子一手牽繮，一手執玩具。與童子相比，馬比例奇小，故小馬為竹馬玩具。青梅竹馬，喻童年男女兩小無猜，終成眷屬的美好願望。

清　白玉　獸鈕　印

高4.1厘米

白玉。滋潤瑩澤。扁正方形。鈕為獸形。昂首翹尾，雙耳聳立，四肢粗壯有力，背部皺皮亦雕琢細致。腹下鏤空。為清玉印精品。

清　白玉　螭紋　璧

直徑5.8厘米　厚1厘米

白玉質，有隔。扁圓形。正面浮雕一螭，盤曲爬行，首尾相聯，形態欠佳。

清　白玉　香菱　佩

長6.8厘米　寬4厘米　厚2厘米

白玉，材質上乘。依形圓雕。運用鏤空打磨等手法雕琢三隻飽滿逼真的香菱。玲瓏剔透又不失自然真趣。

清　碧玉　蟬

長5.3厘米　寬2.5厘米　厚1.4厘米

碧玉，有黑色斑點。近長方形。圓雕。蟬紋雙眼圓突，嘴部外凸，造型較獨特。首部有牛鼻穿。用于佩挂。

清　白玉　五子登科　花錢

直徑5.1厘米　厚0.3厘米

白玉，致密溫潤。扁圓形。錢外圓內方。正面陰綫刻五子登科楷體四字。花錢為佩挂件，以白玉為之，益顯珍貴。

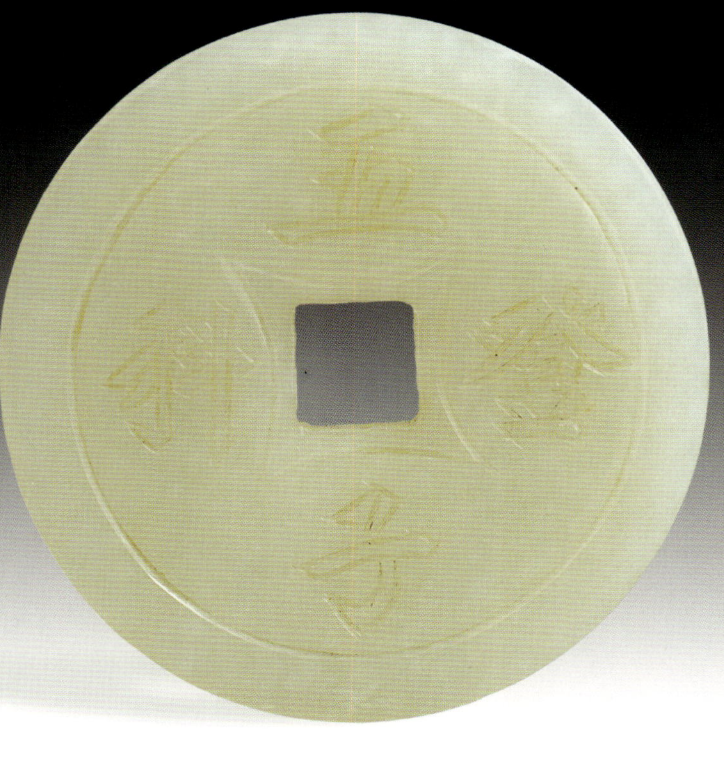

清　白玉　母子人物佩

高4.9厘米　寬3厘米　厚1.5厘米

白玉，局部受沁蝕。立體圓雕。母親圓臉，梳五髮髻，呈站立狀，側臉下顧。童子曲膝依偎在母親一側。該題材表達母慈子孝的寓意。

清　白玉　蟬

長3厘米　寬2.4厘米　厚0.4厘米

蟬諧音財。同時依據蟬的生長規律，有羽化成仙，長生不老的寓意。該玉蟬，質材上乘，雕刻精美，乃佩玉之佳者也。

清　白玉　蘭花紋　鼻烟壺

高6.5厘米　寬3.8厘米　厚1厘米

白玉，細膩滋潤。壺作扁瓶式。直口，短頸，溜肩，長弧腹，矮圓足。瓶體修長，曲綫優美。腹部減地刻飾蘭花，布局雅致，形神兼備。缺蓋和匙。

清　白玉　瓜果　佩

高7厘米　寬2.9厘米　厚1.8厘米

白玉，質地細膩光潤。局部留黃色皮子。隨形圓雕碩大長瓜一枚。在瓜身上減地雕刻相應的藤蔓枝葉。首部透雕攀附瓜身的猴一隻，比例較小，反襯瓜果的肥壯。可見作者浪漫主義的造型設計思維。

清　白玉　瓜果紋　挂件

長6.2厘米　寬3厘米　厚2.4厘米

白玉質，局部有皮。為一塊和田仔料圓雕而成。玉質致密。作者隨形設計。雕琢成長瓜佩件，瓜壯碩，襯以藤葉，瓜瓞綿綿，具子孫昌盛的雅意。

清　白玉　翎管

長9厘米

清　白玉　巧雕瓜果

長4厘米　寬2.6厘米　厚1.8厘米

白玉，留灑金黃皮。略近橢圓形。俏色圓雕。畫面為瓜果和枝葉，真實生動，具瓜瓞綿綿、子孫萬代之意。

清　白玉　龍首螭紋　帶扣

長8.2厘米　寬3.3厘米　厚1.8厘米

白玉，溫潤清純。由鈎和環兩部分組成。鈎作龍首形，環一端有橢圓形孔洞。鈎環相扣呈長方形。鈎環各琢一軀體騰空、四爪落地、口銜靈芝之螭，身肢虬曲遒勁。地子琢磨平整。底部各有圓形鈕。

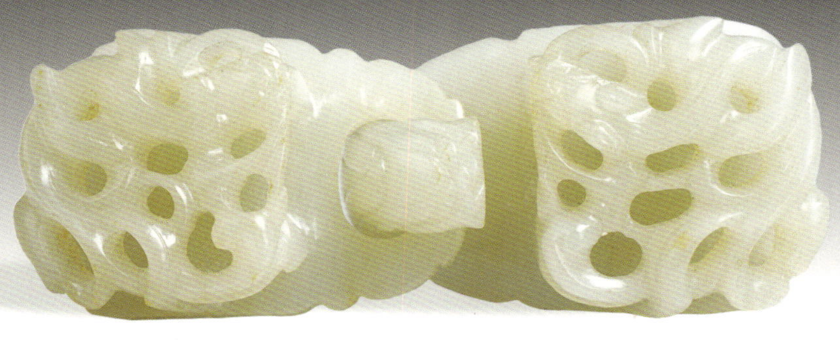

清　白玉　持荷童子

高6.3厘米　寬3.4厘米　厚2.2厘米

白玉，細潔溫潤。器近圓柱形。圓雕。童子一手持荷枝。單腿站立。另一腳抬舉，置于一着地的圓盒上。該童子一手持荷，一腳踩盒，集和合二仙于一身。

清乾隆　碧玉　百合紋　佩飾

長5.6厘米　寬14.5厘米　厚2.8厘米

碧玉質，局部飯糁，有芝麻狀黑色斑點。鏤空圓雕。雕琢百合花和柿子紋，寓意百事如意。形態逼真，工藝精湛，為乾隆工。

清　白玉　瓜果　佩

長5.3厘米　寬3.3厘米　厚0.8厘米

白玉滋潤，扁平長方形。鏤空雕瓜果枝葉，寓意瓜瓞綿綿、子孫萬代。

清　白玉　年年有餘　擺件

長6厘米

白玉，致密溫潤，局部有皮，呈杏紅色和桂花黃。
立體圓雕一條大鯰魚，寫意誇張，寓意年年有餘。

清　白玉　松鼠葡萄紋　佩

長5.8厘米　寬4厘米　厚1.5厘米

白玉滋潤，局部留皮，呈灑金黃色。圓雕，松鼠攀附于葡萄藤上。松鼠機警靈動，葡萄飽滿晶瑩。

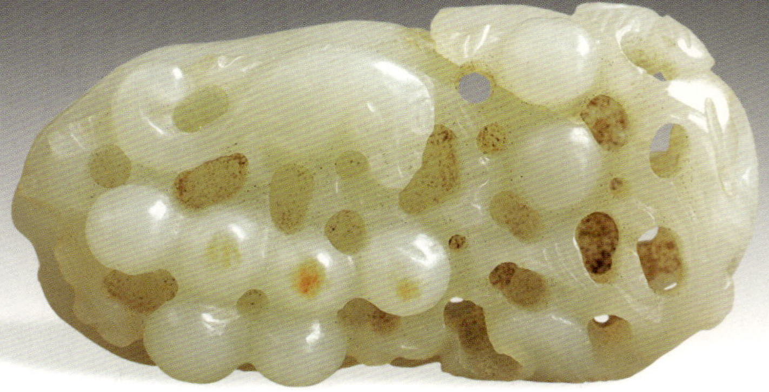

清　白玉　雙螭紋　璧

直徑5.2厘米　厚0.9厘米

白玉瑩澤。扁平圓形。正面高浮雕一大一小兩螭，
相互追逐，首尾相連。

清 翡翠 螭紋 鼻烟壺

高4.5厘米 寬5.5厘米 厚2.3厘米

翡翠材質，翠色鮮艷明亮。壺呈扁圓形。隨形巧雕攀突于壺側的螭龍，龍口銜靈芝，靈芝肥大，俏色醒目。有蓋，亦琢成銜靈芝螭首。靈芝也巧雕。

清　白玉　雙螭紋　璧

直徑6.2厘米　厚1厘米

白玉瑩潤，扁圓形。正面高浮雕一大一小兩螭。

清 白玉 鳳首 帶鈎

長11.5厘米 寬1.5厘米 厚1.5厘米

白玉，局部有紅褐色皮子，玉質細膩潤澤。鈎作鳳首形。鳳勾啄高冠。鈎尾上翻內卷。鈎身為螳螂肚形，面部光素無紋，底部有圓柱形鈕。

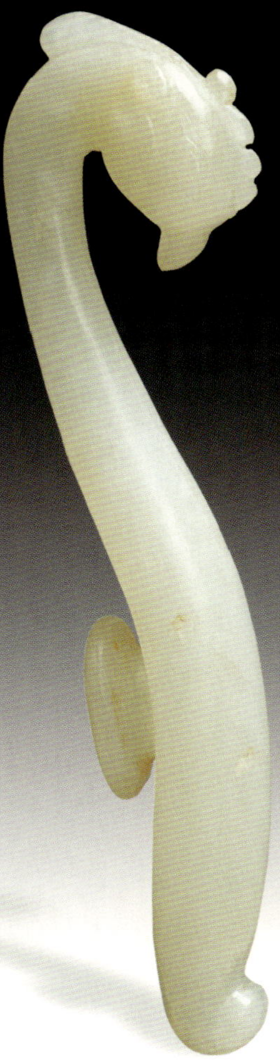

清　白玉　鳳銜牡丹　擺件

長10.5厘米　寬5厘米　高4厘米

白玉，細潔滋潤。隨形圓雕。兩鳳左右對置，伏地棲息，口銜牡丹花枝。雕琢細膩，形象逼直。鳳為百鳥之王，牡丹為花中之王，該玉雕之富貴之氣盡顯。

清　白玉　福壽紋 鼻烟壺

高7厘米　寬5.5厘米　厚2.4厘米

白玉，致密溫潤。壺作扁瓶造型。直口，豐肩，長弧腹，淺圈足。腹部淺浮雕福壽紋。缺蓋。

清　翡翠　三足香爐

高15厘米

翡翠材質。玻璃種，色澤為紫羅蘭和翠色。爐三足。腹凸雕對稱鋪首。兩處開光，開光內雕刻纏枝蓮紋。有蓋，蓋面圓隆，光素無紋。頂置獅鈕，昂首站立，雕琢精細，逼真生動。

清乾隆　青玉　荷紋三耳有蓋香爐

高5.4厘米

青玉質，致密溫潤。爐直口，豐肩，鼓腹，淺圈足。爐身淺浮雕荷葉蓮花紋，肩部碾琢三隻蓮蓬耳，內置活環。蓋面微隆，雕刻成翻卷的荷葉狀，頂置瑪瑙荷花蕾鈕。雕琢精細，為典型的痕都斯坦玉。

清　白玉　夔龍卷雲紋　璧

直徑5.2厘米　厚0.5厘米

白玉，純潔溫潤。扁平圓形，形製規整。雙面工。陰綫刻飾夔龍紋和卷雲紋。雕琢精巧，地子打磨平整光潤。

清　白玉　嬉戲童子

高5.8厘米　寬2.4厘米　厚1.8厘米

白玉，有隔，留皮，呈鐵銹色。立體圓雕雙童子。大者刻劃工細，作騎坐狀，小者寫意，屈身爬伏在大者的胯下。大者得意，小者委屈。為巧雕之作。這種題材也稱作人上人。

清　白玉　人物

長7.2厘米　寬3.3厘米　厚1.7厘米

清　白玉　雙螭紋　帶扣

長5.3厘米　寬3.4厘米　厚1.2厘米

白玉質地。橢圓形。為鈎鈕形帶扣。正面左右兩側各浮雕一隻盤身曲肢的螭龍。背面則左右分別碾琢一鈎一鈕。

清　白玉　荷葉形　洗

高2厘米　長7.1厘米

白玉溫潤，局部見桂花黃皮點。隨形巧雕。筆洗造型為一張舒卷的荷葉，略近三角形。翻卷的荷葉恰為洗的口沿。碾磨光潤。洗內刻出荷葉之筋脈。為值得賞玩的文房佳器。

清　白玉　持荷童子

高7厘米　寬3.3厘米　厚1.6厘米

白玉，潔白滋潤。圓雕，整器圓渾，邊綫柔潤。雕刻精細，童子高額雙髻，笑容可掬。站立姿態，雙手持荷，着大襟外套，衣紋碾磨一絲不苟。是一件質、工俱佳的玉佩件精品。

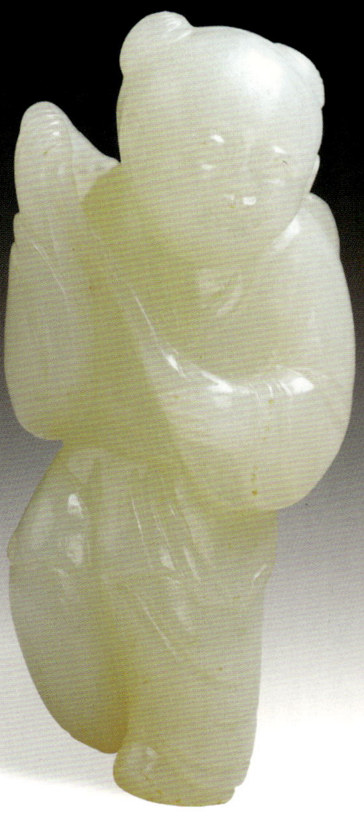

清　白玉　鳳陽婆

長5.5厘米　寬3.5厘米　厚1.5厘米

白玉滋潤。圓雕。鳳陽婆衣着樸素，執器耍猴。鳳陽地處淮河流域，水旱災害頻發，舊時荒年往往逃荒他鄉，多以雜耍謀生，女子亦然，稱鳳陽婆。該女子年輕開朗，置于肩頭的猴子更是活潑可愛，與主人嬉戲，似在猴耍人。

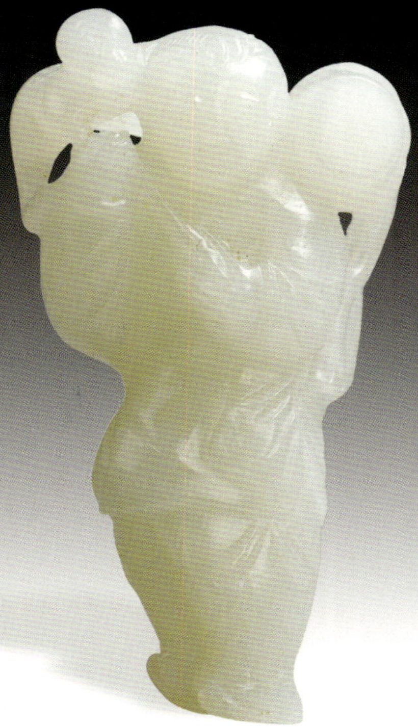

清 白玉 蛙紋荷葉形 筆洗

長6.4厘米 寬4.2厘米 高2厘米

白玉，滋潤晶瑩。隨形圓雕。洗作翻卷的荷葉狀。陰綫刻荷葉莖脈。洗內高浮雕兩隻蛙，四目相對，逼真生動。蛙紋為常見的文房用品裝飾題材，六朝青瓷中即流行蛙形水盂。

清　白玉　竹紋　雙系瓶

高8.3厘米　寬4.3厘米　厚2厘米

白玉質，有隔，受黃色沁。瓶體修長，扁圓形。截面呈橢圓形。直口，短頸，長弧腹，脛部折收，淺圈足。頸肩部置對稱雙耳。腹部刻飾竹紋。有蓋，作覆盤形，頂置圓鈕。

清 白玉 郯子行孝立像

高6.4厘米 寬2.6厘米 厚1.3厘米

白玉溫潤。圓雕人物立像，邊綫光滑。人物盤高髻，面相敦厚。着大襟外套，一手提桶，一手製繩。郯子，東周時人，父母皆年老患眼疾，想吃鹿乳。郯子巧披鹿皮提木桶混入鹿群，遭獵，急弃鹿皮告之原委方安。郯子故又稱鹿皮孝子，為二十四孝之一。

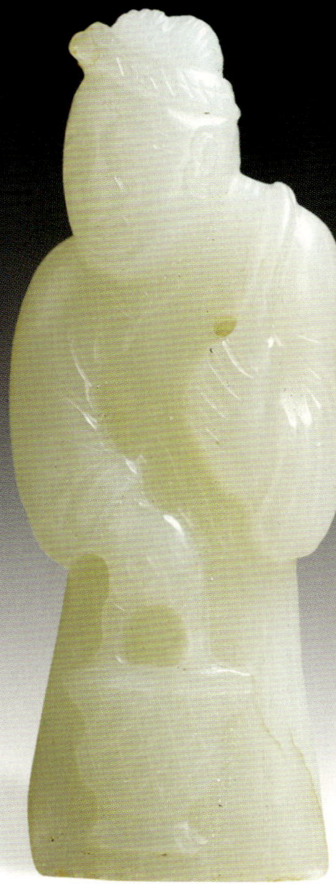

清　白玉　鏡玉飾

長15.5厘米　寬8厘米　厚2厘米

白玉質。為隨意鑲嵌組合而成。其中柄部是一件龍首螭紋帶鈎，而鏡面嵌玉則是三多紋如意吉子。三多指桃、石榴和佛手。

清　白玉　福在眼前紋　佩

長7.5厘米　寬4.5厘米　厚0.4厘米

白玉留皮，材色均佳。鏤空雙面工。題材為兩隻蝙蝠和一枚錢紋，寓意福在眼前。

清　青玉　臥牛　擺件

長9厘米　寬4厘米　厚2.6厘米

清　白玉　鵝銜桃枝　佩

長5.8厘米　寬3厘米　厚1.3厘米

白玉，純潔滋潤。橢圓形。圓雕。鵝團身而息，嘴銜桃枝。寓意美好吉祥。鵝頸部鏤空一孔，便于繫挂。

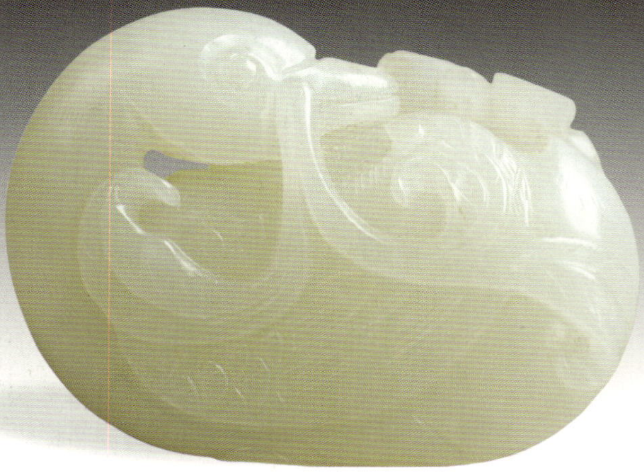

清 白玉 賽龍舟紋 片

長9.3厘米 寬6厘米 厚0.7厘米

白玉質，近橢圓形，扁平片狀。透雕雙面工。龍舟寫真形象。上置重檐寶蓋，插旌旗，迎風飄揚。有劃船手，舵手和站立龍頭的童子。為中國百姓喜聞樂見的裝飾題材。

清　白玉　三羊開泰　佩

高3.5厘米　長4.6厘米　厚2.7厘米

白玉，細膩溫潤。鏤空圓雕三隻相依而息的羊，一大二小，羊角高大彎曲，引人矚目。間飾靈芝狀雲紋。該器因材質佳美，故不事雕琢，以打磨拋光之法顯示其質感。

清　白玉　持荷童子

高6.5厘米　寬3厘米　厚1.5厘米

白玉細膩溫潤，潔白無暇。立體圓雕。雕琢精細，一絲不苟，打磨拋光，別具匠心。是一件玉質雕工俱佳的佩玉精品。

清　白玉　持荷童子

高6.3厘米　寬4厘米　厚1.4厘米

清　白玉　瓜果　佩

長6厘米　寬3厘米　厚2.2厘米

白玉，留棗皮紅。仔料圓雕。隨形雕琢長瓜枝葉，象生寫實。極具生活情趣，同時又有瓜瓞綿綿，一本萬利之意。

清　白玉　螭紋　翎管

長7.8厘米　厚1.7厘米

白玉留皮，皮色金黃。翎管為清代官帽上的物件，用于插戴花翎。該器圓柱形，中穿孔。背面無紋。正面利用俏色浮雕一條螭龍。

清　白玉　山水詩文牌

長6.5厘米　寬4.3厘米　厚0.7厘米

白玉。牌作委角長方形，有齒狀脊。首部雕刻雲蝠紋。正面刻飾蒼松、重檐樓閣和遠山，背面為詩文。天地各鑽一孔，用于穿挂。

清 白玉 子岡牌

長6.5厘米 寬4.5厘米 厚0.7厘米

清　白玉　福壽紋　牌

長6.6厘米　寬4.7厘米　厚0.7厘米

白玉，長方形。牌首鏤空雕兩條龍紋。牌面雕刻壽桃和蝙蝠，寓意福壽雙全。

清　白玉　風雲聚會牌

長6.8厘米　寬4.6厘米　厚0.7厘米

白玉，留皮，作杏黃色。長方形，委角，四邊有鋸齒紋。巧用俏色，浮雕成聚散飄拂的祥雲，陽光照在雲朵上，若自然天成。

清　白玉　山水詩文牌

長6.5厘米　寬4.5厘米　厚0.8厘米

白玉，致密潤澤。長方形，委角，上下邊有鋸齒紋。首部浮雕雙龍。正面減地浮雕蒼松、亭子和祥雲，背面刻詩文。

清　白玉　葫蘆紋　牌

長5.8厘米　寬4.7厘米　厚0.7厘米

白玉滋潤。牌近圓形，正面淺浮雕葫蘆紋，枝蔓纏繞，果實豐碩，寫生形象。有瓜瓞綿綿、子孫萬代之意。

清　白玉　花卉紋　牌

長6.3厘米　寬3.7厘米　厚0.5厘米

白玉滋潤。厚實長方形。束腰。額首飾實地升雲紋，呈蝙蝠形，中設孔，供穿繫。兩面均開框減地，底面較平整。正面飾花卉紋。

清　白玉　人物紋　牌

長6厘米　寬4厘米　厚0.8厘米

玉牌呈亞字形。天地鏤空雕刻螭龍紋。正背淺浮雕人物紋。

清　白玉　牡丹紋 牌

長5.7厘米　寬4.2厘米　厚0.7厘米

白玉，溫潤厚實。器形方整委角。額首雕刻雲蝠紋。正面減地雕刻一枝盛開的牡丹花。牡丹含榮華富貴之義。首尾均鑽有孔，用于穿繫佩挂。

清 白玉 鳳棲竹紋 佩

長7.6厘米 寬4.3厘米 厚0.7厘米

白玉泛青。扁長方形。鏤空圓雕。主題為竹節紋，竹杆竹枝相依。下部一側浮雕巨大的靈芝，頂端雕琢一隻棲息的鳳鳥。寓意美好。

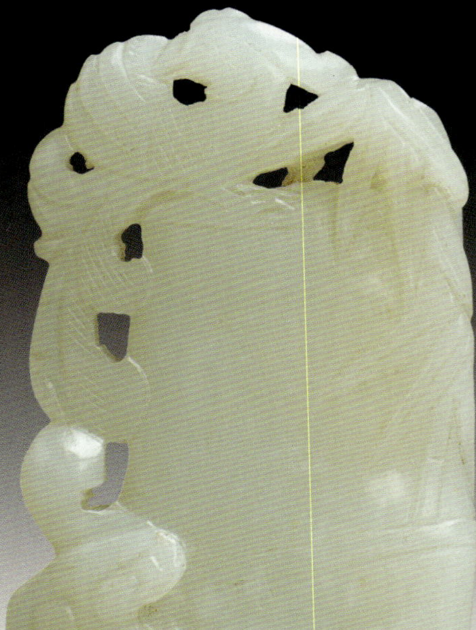

清　白玉　蕉下人物　牌

長6厘米　寬4.5厘米　厚0.65厘米

白玉。近長方形，上下圓弧，并飾鋸齒紋。淺浮雕與鏤空技術兼施。正面為屋捨、芭蕉下一老一少兩人物。背面刻詩文。

清　白玉　花籃紋　牌

長6.6厘米　寬4.5厘米　厚0.7厘米

白玉，致密瑩潤。厚實長方形。額首雕刻實地升雲紋，呈蝙蝠形，底部亦飾實地卷雲紋，與額首呼應。兩面開框減地，底子平整。正面浮雕花籃，內插四季花卉，工細寫實。

清　白玉　和合二仙　圓牌

直徑5.3厘米　厚0.65厘米

清　白玉　福壽如意　牌

長6.5厘米　寬3.6厘米　厚0.6厘米

白玉泛青，細潔溫潤。長方形。正面浮雕鹿紋和童子持如意，寓意福壽如意。牌首鑽孔，便于佩挂。

清　白玉　劉海戲金蟾　佩

長5.5厘米　寬4.8厘米　厚1厘米

白玉，扁圓形。兩面皆有紋飾。正面減地浮雕劉海戲金蟾紋飾。圓牌腰部內凹，左右各穿長方形小孔，用于佩挂。

清　白玉　嵌寶貓菊紋　如意吉子

長10.7厘米　寬7厘米　厚0.4厘米

白玉泛黃。橢圓形，為三鑲如意之中部鑲玉。橢圓形邊框立邊，內減地嵌藍寶石、紅碧璽、芙蓉石、青金石、綠松石、孔雀石等寶石組成山石，菊紋和貓紋。利用材料本色產生色彩斑斕的藝術效果，使如意更趨華麗高貴。這種工藝同當時痕都斯坦嵌寶工藝的影響有關。

清　青玉　螭紋　桃形片

長9.5厘米　寬8.5厘米　厚1.1厘米

青玉質，受鐵銹色沁。壽桃形，片狀。透雕單面工。
正面隆起。框內飾兩條螭龍，各銜靈芝。

清　白玉　巧雕梅蘭紋　帶銙

長7厘米　寬5.2厘米　厚0.7厘米

白玉，留皮，呈杏紅色。長方形，俏色淺浮雕梅紋，蘭紋。

清　白玉　梅紋　擺件

高8.8厘米　寬7.2厘米

白玉瑩潤，局部留皮巧雕。器呈橢圓形，單面工。減地高浮雕老梅一棵，蒼杆虬枝，花朵灼灼，把梅的鐵骨冰肌、冰清玉潔表達了出來。

清　翡翠　壽字紋　帶扣

長7厘米　寬5厘米　厚1.2厘米

翡翠質，兩色皆備。長方形。正面四周刻回紋，正中刻壽字。背部左右各有一鈕。為鈎環合一的帶扣。

清　白玉　素面　帶扣

長7厘米　寬3.8厘米　厚1.2厘米

白玉質地，留金黃色皮子，質佳色美。委角長方形。為鈎鈕形帶扣。正面弧隆，素面無紋，留皮巧琢，恰似流霞布天，又若金粉瀉地。乃“良材不雕”之謂也。背部左右各碾一鈎一鈕。

清　白玉　荷葉形　洗

長5.6厘米　寬4.1厘米　高1.4厘米

白玉。質地滋潤瑩澤。留黃金色皮子。筆洗為文房用具之一。該洗雕琢成四卷的荷葉形。邊沿起伏，葉內陰刻出細葉脈，葉外浮雕綻放的蓮花數朵及蓮蓬，枝梗交錯彎曲，舒展自然。荷葉形筆洗是明清流行的造型，立意獨到，受人愛賞。

清　白玉　雙龍劉海紋　鎖片

長8.3厘米　寬6.6厘米　厚0.8厘米

白玉。致密潤澤。扁平長方形，厚薄均勻。鏤空雙面工。正面開框浮雕劉海紋。周邊飾雙龍，組成鎖形。鎖片造型，為清代常見的一種佩飾形製。

清　青玉　雙喜　帶扣

長8.7厘米　寬4.5厘米　厚1.5厘米

青玉滋潤。器呈長方形。花形邊框。框中間透雕盤長。左右置圓鈕，正面刻喜字，合為雙喜，背面用于繫帶。

清　白玉　花形　佩

直徑7.7厘米　厚0.7厘米

白玉，呈扁平八瓣花形。從璧形演化而來。內部透雕四朵如意雲紋，肉面刻劃雙層菊瓣紋。緣外鏤空雕飾八花瓣。

清　白玉　長命富貴　鎖片

長8.8厘米　寬6.5厘米　厚0.7厘米

白玉泛青。扁平長方形。外側鏤空雕刻兩條螭龍，
內中玉牌減地琢出“長命富貴”四字。

清　白玉　玉堂富貴　鎖片

長8厘米　寬6厘米　厚0.8厘米

白玉，致密溫潤，純淨無暇。正面減地刻“玉堂富貴”四字。

清　白玉　夔龍紋玉堂富貴　鎖片

長8.3厘米　寬7厘米　厚0.6厘米

白玉泛青。長方形。雙面工。左右兩側鏤空雕夔龍紋，中間長方形玉牌減地刻琢“玉堂富貴”四字。

清　白玉　菊石雲蝠紋　如意吉子

長10.5厘米　寬9.6厘米　厚1.5厘米

白玉泛黃，局部有飯糝和芝麻狀黑褐色斑。橢圓形。正面圓拱，高浮雕菊石紋和雲蝠紋，題材清雅，布局得體，雕琢精細，具文人畫境界。

清　白玉　萬象更新紋　如意吉子

長11.3厘米　寬9.1厘米　厚2厘米

白玉質地，局部有淺黃色皮子，似有巧作之意。橢圓形，為三鑲白玉如意之首部鑲玉。正面弧狀隆突，浮雕一披帛大象，象背置一盆萬年青。四周則裝飾靈芝、牡丹、葡萄等祥花瑞果。寓意萬象更新，富貴如意。

清　白玉　連升三級　片

長5.7厘米　寬4.3厘米　厚0.6厘米

白玉，局部留皮，呈杏紅色和桂花黃。長方形片狀。透雕單面工。紋飾為寶瓶、雲蝠、磬和靈芝，寶瓶內插三把戟。戟與級諧音。寓意連升三級。

清　白玉　雙龍牡丹紋　鎖片

長7.8厘米　寬6厘米　厚0.8厘米

白玉泛青。長方形。外邊透雕雙夔龍為邊框，中間玉牌減地雕刻一枝牡丹。鎖片為較常見的一種佩玉形製，具有鎖住生命財富不致流失的美意，多為長者賜贈晚輩的禮物。

清　白玉　雙轉童　佩

長5.6厘米　寬5.7厘米　厚0.9厘米

清　白玉　蕉葉蝴蝶紋穀紋　璧

長7厘米　寬5.2厘米　厚0.5厘米

白玉潤澤。整器呈扁橢圓形。透雕雙面工。璧兩面飾穀紋，中孔透雕飾五葉花朵。廓外上下分別凸雕蕉葉紋和蝴蝶紋。

清 白玉 瓜果 佩

長5.8厘米 寬3.8厘米 厚0.7厘米

清　黄玉　松下對弈紋　扳指

高2.6厘米　直徑3.2厘米　厚0.7厘米

黄玉質，有飯糁。圓筒狀。上、下端平直。口部圓渾，并由外向内傾斜。外壁雕刻通景松下對弈圖。一棵蒼幹虬枝的老松。松下兩位高士相對而坐，中間是一張鋪在岩地上的圍棋。兩位高士，均高髻長鬚，着寬博長衫席地而坐，盡管均袖手，但神情來往于中間的黑白世界，饒有情趣。

清　白玉　雲蝠紋　扳指

高2.6厘米　直徑3.2厘米　厚0.7厘米

白玉質地潔白滋潤，留皮，呈杏黃色。近矮圓筒狀。上下端平直，口沿打磨精細圓滑。留皮處近正方形，似戒指戒面。巧用皮色，減地浮雕雲蝠紋。

清　白玉　回紋　扳指

高2.4厘米　直徑3厘米　厚0.5厘米

白玉，潔白滋潤。圓筒形。口角圓鈍光滑。外壁上下各飾凸弦紋一圈，其間陰綫細刻回紋，分布均勻，綫條細密，琢磨精細，有“乾隆工”之風韵。

清　白玉　梅紋　扳指

高3.8厘米　直徑3.1厘米　厚0.8厘米

白玉，質地細膩溫潤。圓筒形，上下平直，口角邊緣打磨精細，圓潤光潔。外壁通景淺浮雕老梅一棵。老樹新花，生機盎然。梅被賦予鐵骨冰肌、冰清玉潔等人格化的品德，恰與玉之五德相伯仲。因此，兩者相結合，是錦上添花、相得益彰。

清　白玉　花卉紋　扳指

高2.6厘米　寬3.1厘米　厚0.6厘米

白玉受沁，呈棗皮紅色。矮圓筒形，上下端平直。外壁陰綫刻梅花、荷花等花卉。并題刻楷書詩文："已見條風拂樹間，一枝春信轉難攀"，署"雪春"款。梅、荷為古代文人高尚品德的物化載體，與相應的詩文配合，成為明清以來文人畫的重要題材。

清　白玉　留皮　戒指

高1.6厘米　直徑3.3厘米　厚0.8厘米

白玉，細膩溫潤。留皮，呈灑金黃色。戒面作長方形，留皮巧雕。星狀分布的皮色與潔白的玉質相輝映，頗具視覺美感，更有金玉滿堂、富貴榮華的象徵意義。

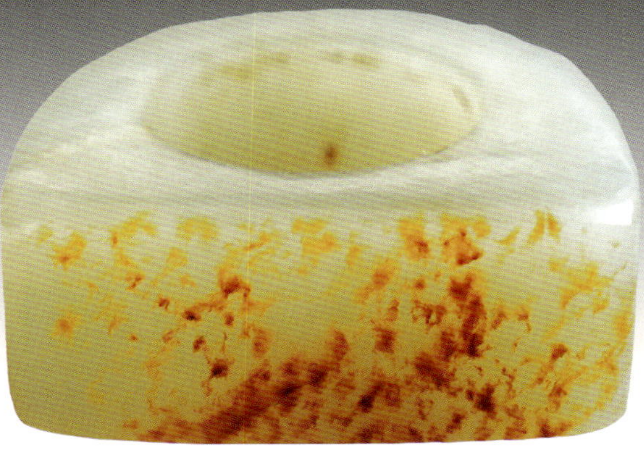

清　白玉　山水紋　扳指

高2.3厘米　直徑2.8厘米　厚0.3厘米

白玉質，致密溫潤。有皮，呈赭黃色。矮圓筒形。上下端平直，邊綫圓渾。外壁雕刻通景山水紋，飛雲流水，樹石禽獸俱布置方寸之間，其中還巧用皮色，為玉雕佳作。

清　白玉　雲紋　扳指

高2.7厘米　直徑3.2厘米　厚0.4厘米

白玉，滋潤晶瑩，局部有星狀赭黃沁。矮橢圓筒狀。上端口沿弧狀傾斜，下端平直。較高一側中間琢出一環狀凸棱。餘飾壓地卷雲紋。扳指是套入右拇指用于射箭時勾拉弓弦的，商周時期已出現。初以骨、熟皮等制作，後來也采用玉等材料。

清　白玉　山水紋　扳指

高3.2厘米　直徑4厘米

白玉，滋潤晶瑩。矮圓筒形，上下端平直。邊角綫琢磨精細，光滑。外壁上下分别雕刻雲氣和山石，中間布置花樹和禽鳥。陰刻綫條簡練明快。

清　白玉　山水紋　扳指

高2.6厘米　直徑3.2厘米　厚0.7厘米

白玉，潔白溫潤。矮圓筒形。上下端平直。外壁雕刻通景山水紋。山石、樹木、亭子等景致布局有序，刻劃亦細致寫實，尤其是一方亭子，工寫兼備，獨具匠心。

清　翡翠　扳指

高2.7厘米　直徑3.1厘米　厚0.6厘米

老坑翡翠，玻璃種，水頭足，局部有飯糁。圓筒狀，上下端平直。口角綫精心打磨，渾圓光滑。因翠艷種好，故不事雕琢。所謂“良材不雕”此為例也。

清　白玉　詩文　扳指

高2.4厘米　直徑3厘米　厚0.5厘米

白玉，圓筒狀，上下平直。口角邊綫碾磨精細，溫潤光滑。腹壁陰刻楷體詩一首。

清　白玉　留皮　扳指

高2.4厘米　直徑3厘米　厚0.4厘米

白玉，留皮，質色均佳。近似矮圓筒形。上下端平直。口部渾圓光滑。其中留皮處琢成長方形，色澤由柑黃而灑金黃，色階分明，加以布局疏密有致，如晚霞在天，雲錦落地，意境美妙。該器為巧雕杰作。同時其功用已是僅供賞玩的指間裝飾，而其形製，與其稱扳指，毋寧叫做戒指更妥貼。

清　白玉　素紋　扳指

高2.9厘米　直徑3.2厘米　厚0.7厘米

白玉質，受沁，呈星雲狀分布的灑金黃色。矮圓筒狀，上下端平直。口部由裏向外斜切，綫條明快。外壁光素無紋，打磨精細。其沁色若彩霞滿天，有留皮巧雕的韵味。

清　白玉　蝠紋　扳指

高2.5厘米　直徑2.8厘米　厚0.5厘米

白玉，致密溫潤。局部留皮，呈桂花黃色。圓桶狀，上下端平齊。平口沿。腹壁通景刻飾蝙蝠五隻，為淺浮雕。雲蝠紋是清代流行的裝飾題材，具有洪福齊天之意。

清　白玉　蝴蝶　佩

長7.4厘米　寬4.2厘米　厚1.2厘米

白玉，微泛青，晶瑩潤澤。倒梯形。圓雕。蝴蝶作展翅狀，工細寫實。尾部鑽二孔，便于佩挂。蝶紋為清代盛行的一種裝飾題材。

清　白玉　龍舟競渡　轉心佩

直徑5.5厘米　厚0.6厘米

白玉滋潤。圓形片狀。首部高浮雕兩螭龍。中間畫面為賽龍舟，鏤空雕刻，上下出榫，與外面圓環卯接，可轉動。故稱轉心佩。

清　白玉　蝴蝶　佩

長10厘米　寬6.5厘米　厚0.9厘米

白玉，有隔，受沁，呈黃褐色。倒梯形，片狀。雙面兼工。透雕。蝴蝶展翅，上下部為蓮花。整器雕琢細致，紋飾繁複，具有清代紋飾圖案化的布局特徵。

清　白玉　花卉紋　片

長5.2厘米　寬4.3厘米　厚0.5厘米

白玉，純潔滋潤。扁平橢圓形。鏤空雙面工。畫面中間為盛開的花朵，枝葉纏繞圍成邊框。

清　白玉　和合二仙　片

長6.8厘米　寬6.8厘米　厚0.4厘米

白玉，細膩溫潤。扁平正方形。透雕雙面工。畫面左右各飾螭龍一條，上下飾纏枝蓮，彎曲的龍身和纏繞的蓮枝圍成正方形邊框。框內左右兩童子，一持荷，一捧盒，為和合二仙。

清 碧玉 龍紋 片

長8厘米 寬7厘米 厚0.4厘米

碧玉質，有芝麻黑點。扁平長方形。單面工。透雕升龍紋一條，襯以纏枝蓮、寶鼎和魚紋。刀法粗獷。

清　白玉　纏枝花蝶紋　帶銙

長8厘米　寬5.5厘米　厚0.5厘米

白玉，局部受黃色沁。長方形，扁體。透雕單面工，
飾纏枝蓮紋和蝶紋。

清　白玉　和合二仙　片

直徑7.9厘米　厚0.3厘米

白玉。扁平圓形。透雕雙面工。和合二仙為童子形象，一持荷，即和仙，一捧盒，即合仙。輔飾祥雲紋和蝙蝠紋，寓意百年和合，洪福齊天。

清　白玉　福祿紋　片

長6.2厘米　寬5.6厘米　厚0.5厘米

白玉。扁平橢圓形。透雕雙面工。輪廓飾聯珠紋。內以鹿紋為主題，輔以雲蝠紋和纏枝蓮紋，體現福祿的寓意。

清　白玉　鳳銜花枝紋　片

直徑5.2厘米　厚0.7厘米

白玉，細潔滋潤。圓形片狀。鏤空單面工。鳳鳥曲頸回首，嘴銜花枝。該器雕刻精細，拋光明亮，為玉雕佳作。

清　白玉　劃船童子　片

直徑5.8厘米　厚0.6厘米

白玉，受鐵銹色沁。扁平圓形。鏤空雙面工。畫面有劃船童子和江水波濤。也有松樹和靈芝，松樹枝幹上還挂有一隻花籃。

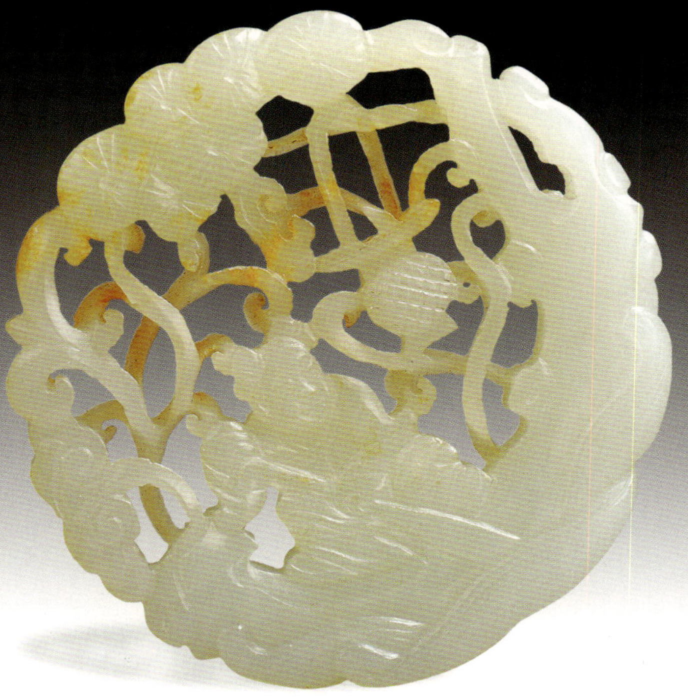

清　白玉　雙龍鹿紋　鎖片

長7.8厘米　寬5.2厘米　厚0.4厘米

白玉，致密滋潤。扁平花籃形。透雕雙面工。正面中間開框，淺浮雕鹿紋。邊飾雙龍紋和蝙蝠紋。龍紋盤曲，綫條優美，打磨細膩光潤。寓意福祿雙全。

清　白玉　八寶壽字紋　鎖片

長8.8厘米　寬6.5厘米　厚0.5厘米

白玉潤澤。器形呈片狀，鎖形。器中間開長方形窄邊框，框內刻“壽”字。方框外飾八寶圖紋。透雕雙面工。

清 白玉 蝶紋 佩

長9.2厘米 寬6.7厘米 厚1厘米

白玉。扁平倒梯形。透雕雙面工。蝴蝶呈展翅狀，左右翅膀各鏤一萬字紋。首部飾盛開的荷花。

清　青玉　福壽紋　片

直徑7.6厘米　厚0.6厘米

青玉，受沁處呈赭黃色。扁平圓形，菱花邊。透雕雙面工。分內外兩圈工，以環形區分。內為折枝桃紋，寓壽。外為蝙蝠紋和纏枝蓮。合寓福壽之意。上下端均鑽有一圓孔。

清　白玉　戲劇人物紋　片

直徑5.2厘米　厚0.5厘米

白玉。扁平圓形。鏤空雕。雕刻戲劇人物二，樓閣一。輔紋為山石、花卉。戲劇人物題材，雅俗共賞。

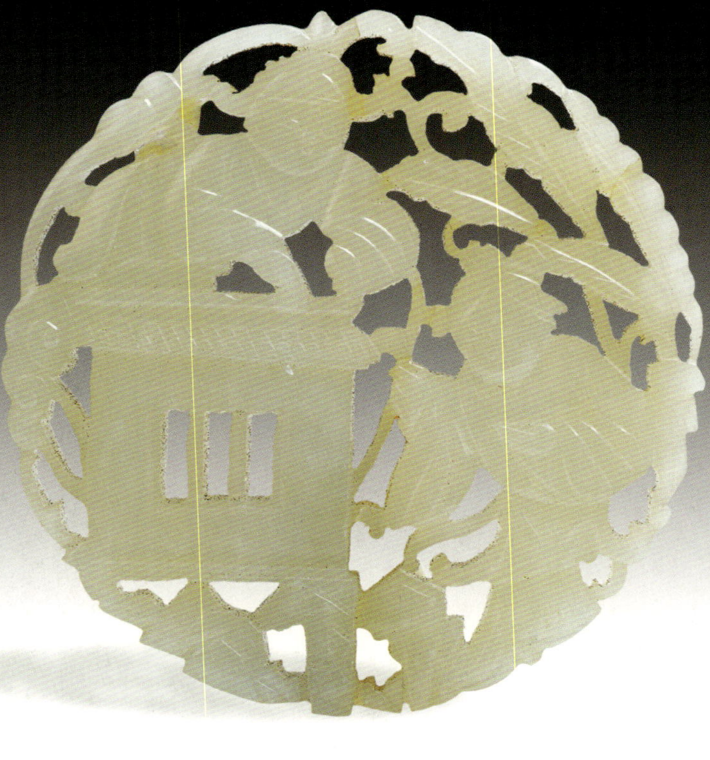

清 白玉 鳳鳥 佩

長8.2厘米 寬6.6厘米 厚0.6厘米

白玉，潔白溫潤。圓形片狀。鏤空雙面工。整個畫面為一隻鳳鳥飛翔在纏枝花卉中，習稱鳳穿花。該器玉質精良，雕刻精細，為貴族婦女佩玉之精品。

清　白玉　聯珠鳳紋　片

直徑8.2厘米　厚0.4厘米

白玉，扁平花瓣形，透雕雙面工。中間為纏枝花卉，并用聯珠紋框邊，外緣為八凸花辨，每一花瓣均有二隻相對的簡意鳳紋組成。

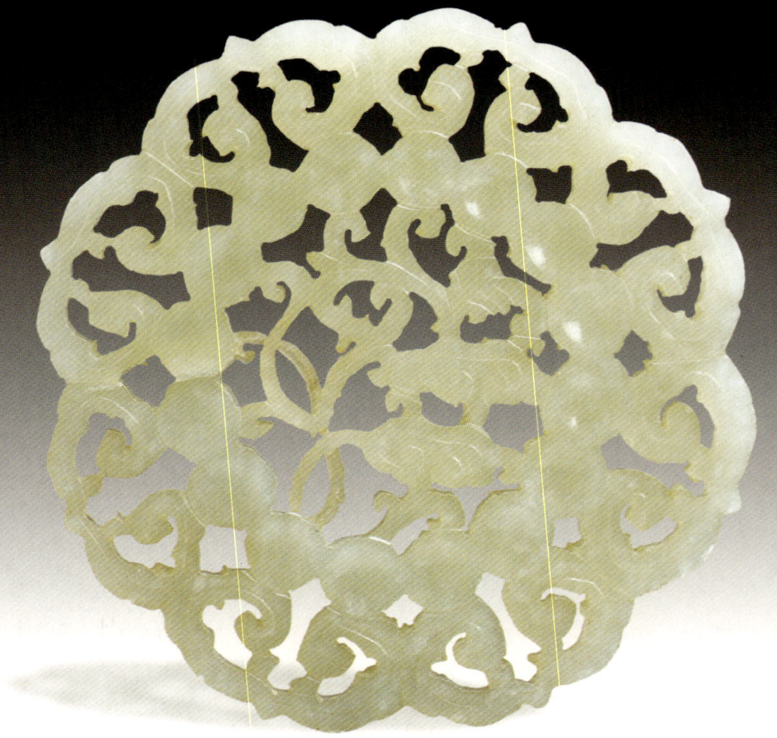

清　白玉　和福紋　片

直徑5.6厘米　厚0.3厘米

白玉，質地瑩潤，受赭黃色沁。圓形片狀。鏤空雙面工。中間雕琢二童子，均持荷；邊飾纏枝蓮紋和雲蝠紋。故該佩飾題材為和福紋。

清　白玉　麒麟送子紋　片

直徑7.8厘米　厚0.4厘米

白玉質，局部受沁蝕。扁平圓形。鏤空雕刻。畫面主題為麒麟，背上坐一童子。童子手握靈芝。靈芝纏繞構成圓佩邊框，另有蝙蝠一隻。表達多子多福，吉祥如意之義。

清　白玉　和合二仙　片

直徑7.5厘米　厚0.6厘米

白玉，受黃褐色沁。圓形片狀。鏤空雙面工。和合二仙為童子形象，其一捧圓盒，其一執荷枝。輔飾雲紋和蝙蝠紋。具有百年好合，洪福齊天之意。

清　白玉　暗八仙蓮蝠紋　片

直徑7.7厘米　厚0.4厘米

白玉。扁平圓形。透雕。畫面雕刻纏枝蓮紋、暗八仙和蝙蝠紋。暗八仙，指八仙所持的八樣寶器。蝠紋飾于佩首，寓意洪福齊天。

清　白玉　花卉紋　片

直徑7.6厘米　厚0.6厘米

白玉，受沁，呈土黃色。圓形片狀。透雕雙面工。整個畫面雕琢纏枝菊紋，間飾兩隻蝙蝠紋。具有繁而不亂，玲瓏剔透的藝術效果。

清　白玉　鳳紋　佩

長4厘米　寬2.7厘米　厚1.5厘米

白玉質。近長方形片狀。鏤空單面工。整器雕琢成回首展翅的一隻鳳凰。背羽上飾壽字和雙錢紋。首部和鳳尾穿飾珊瑚珠。

清　白玉　和合二仙　片

直徑7.26厘米　厚0.6厘米

白玉，受沁蝕。扁平圓形。透雕雙面工。主題為和合二仙，呈童子形象，輔助紋飾為荷紋和靈芝雲紋。

清　白玉　吉祥如意　片

長6厘米　寬4.8厘米　厚0.4厘米

白玉，純潔瑩潤。整器呈橢圓形，片狀。透雕雙面工。畫面雕刻“吉祥”兩字和交叉如意及蝠紋等，含吉祥如意，洪福齊天寓意。

清　白玉　雙螭蓮蝠紋　片

直徑7.2厘米　厚0.4厘米

白玉質。扁平圓形。透雕雙面工。以紐肢曲身的兩條螭龍圍繞成邊框。框內飾纏枝蓮紋和蝙蝠紋。

清　白玉　麒麟人物紋　片

直徑7.4厘米　厚0.5厘米

白玉，受土黃色沁。扁平圓形，鏤空單面工。主題畫面為麒麟和持笏人物，輔飾纏枝花卉，邊緣呈花瓣形。人物刻劃欠生動。

清　白玉　雙龍鸚鵡紋　片

直徑5.5厘米　厚0.6厘米

白玉。扁平圓形，透雕雙面工。中心為一隻棲息于花枝的鸚鵡，兩條首尾相聯的龍紋圍成圓形邊框。

清　白玉　和合二仙　片

直徑7.7厘米　厚07厘米

白玉，局部受沁，呈鐵銹色。圓形片狀。鏤空雕琢。和合二仙為童子形象，一捧盒，一持荷，另飾花、鳥紋。

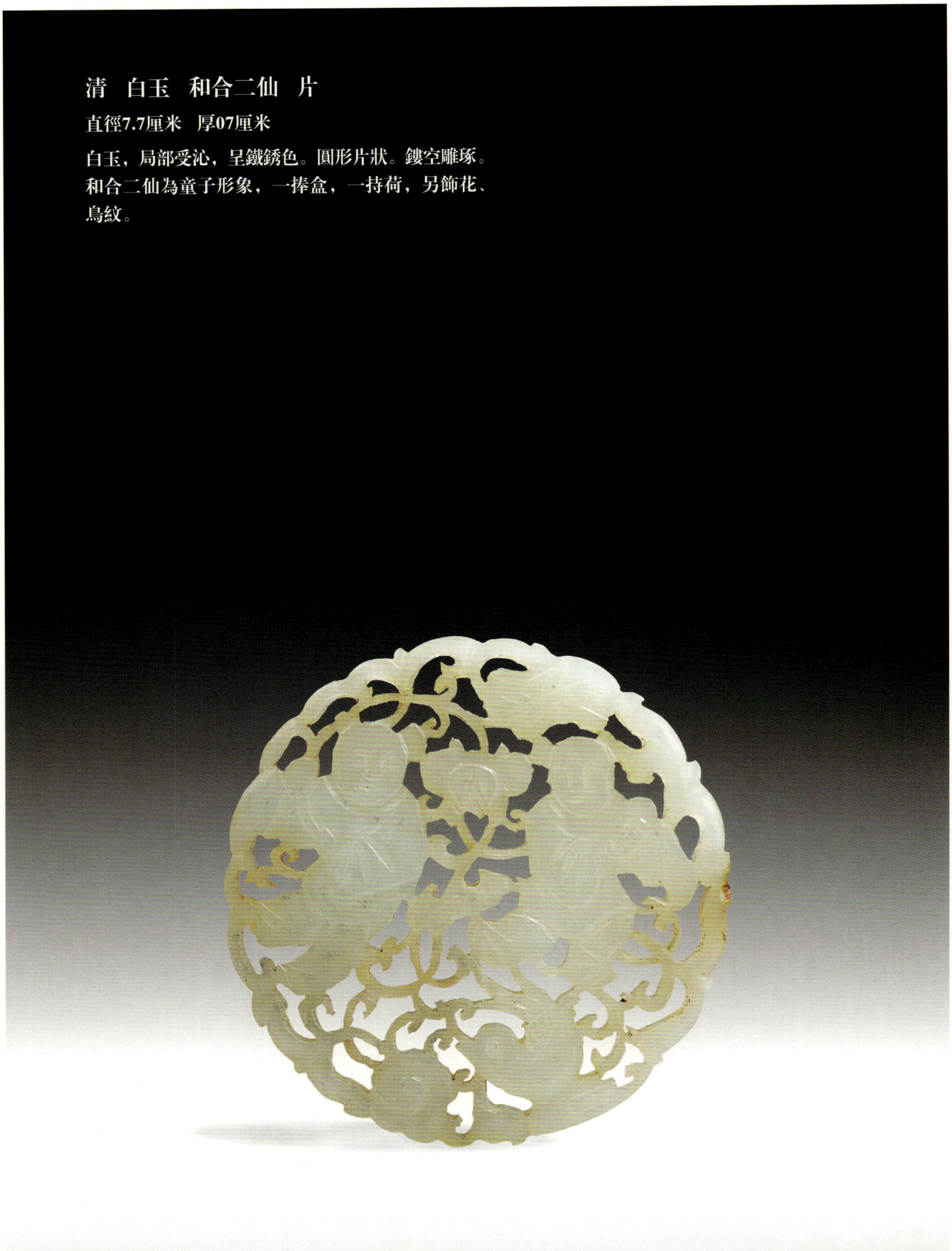

清　白玉　持荷童子　片

直徑5.2厘米　厚0.4厘米

白玉泛青。扁平圓形。鏤空雙面工。畫面為童子持荷，荷枝纏繞，上有飛鳥，口銜荷枝。為圓片狀佩玉。

清　白玉　雙喜纏枝蓮紋　片

直徑7.5厘米　厚0.4厘米

白玉泛青，局部有黃褐色沁。扁圓形。鏤空雕。紋飾分內外三層，居中為雙喜，再一圈聯珠紋。然後是纏枝蓮紋。這樣的玉牌片，明清時盛行，常鑲嵌于服裝和帽子上作為裝飾。

清　白玉　雙喜纏枝蓮紋　片

直徑7.8厘米　厚0.3厘米

白玉微泛青。扁平圓形。鏤空雙面工。畫面中間，上下各琢一喜字，合為雙喜；外緣以二二相對的四條螭龍勾框，其間以纏枝蓮紋裝飾照應。

清　白玉　福壽紋　轉心片

直徑4.5厘米　厚0.6厘米

白玉泛青。圓形片狀。透雕雙面工。畫面中央雕琢可轉動的錢紋。外圈紋飾為雙桃雙蝙蝠。該題材表達人們對財富、幸福和長壽的向往和渴求。

清　白玉　銀鑲玉　手鏡

高22厘米

為人工鑲嵌件。其中柄為一件龍首螭紋帶鈎。鏡中間鑲玉為一件如意吉子，淺浮雕山水人物，材藝俱佳。同時銀鎏金，飾八寶，嵌八顆材色各异的寶石。金鑲玉，盡顯珍奇富麗之氣派。

後記

嚴春元先生進入經濟界，不算早也不算晚，他出身貧寒，但憑勤奮努力，所經營的各類産業業績可贊。有一定的經濟實力之後，很少有人像他那樣早的起步，涉足收藏領域，專攻玉石與古床。他的藏品我大多看過，因我對玉、床兩類不甚明白，衹是奇趣過眼是了，然此類物品皆前朝舊遺，可以認之為不可再生的文化一種，一定規模的收集珍藏，實際上也是對我中華文化的保護，這樣做的本身，就值得稱贊。今嚴老弟又將“萬玉堂”部分藏品拍照、印刷成書，以告各方。初見書稿，那方方古玉溫潤輝煌，玉載王體，可謂美哉。

有了“萬玉堂”，再有“百床廳”，之後再做什麼呢？願春元老弟做更多有益于社會的事情！

孔子第七十五代嫡系孫 孔祥楷

丙戌·初冬于孔氏南宗廟

明　白玉　龍鳳紋　佩

長6.6厘米　寬4.3厘米　厚0.7厘米

白玉，致密溫潤，局部受黃褐色沁。扁平橢圓形。透雕雙面工。雕琢盤曲相向的龍鳳紋。綫條簡潔，形象寫意。

明　白玉　望子成龍　佩

高6.5厘米　寬4.2厘米　厚3.2厘米

白玉滋潤。器呈圓柱形。圓雕二童子。一童子站立，弓身背負另一童子，神情苦累；另一童子則騎坐其上，仰面向天，笑逐顏開。該題材也稱為人上人，旨在激勵人們奮發努力，前程錦綉。

明　白玉　吹簫人物

高6.5厘米　寬3厘米　厚2.3厘米

白玉潤澤。立體圓雕。吹簫人物呈站立狀，身微傾。廣額豐頤，頭挽雙高髻。內着交領長衫，外罩寬袖長袍，長裙曳地，脚尖翹露，單肩披帔帛。雙手握長簫，口對簫管，神情莊重專注。

明　白玉　魚化龍佩

長5.5厘米　寬5.3厘米　厚1.3厘米

白玉溫潤，局部受沁，呈赭黃色。扁圓形。透雕雙面工。魚化龍形象為傳統的祥瑞題材之一。頭部似龍，有角，身子則為鯉魚的樣子。有背鰭，雙叉尾。魚鱗刻劃亦細致逼真。鯉魚跳龍門，喻古代舉子高中，從此高官厚祿。魚化龍便是對這一寓意的提煉和簡化。

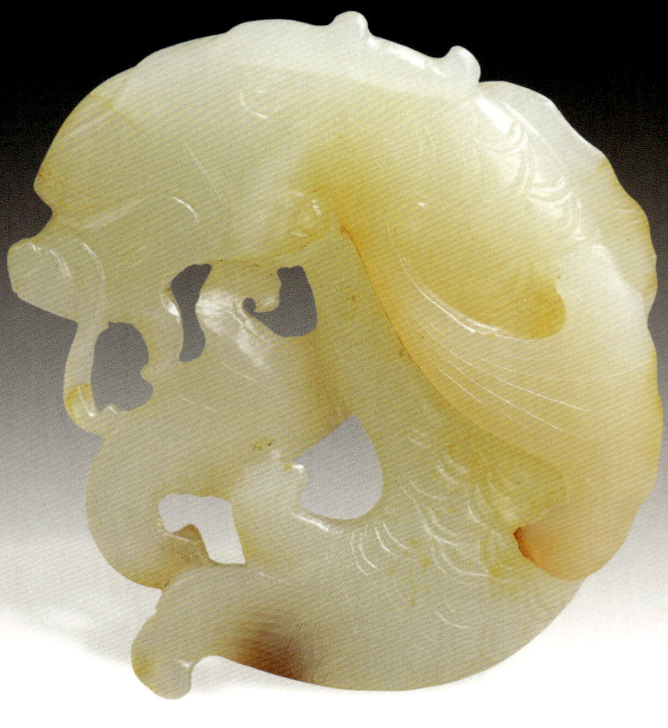

明　白玉　福壽紋　佩

長6厘米　寬5厘米　厚0.5厘米

玉質皮色均佳。透雕雙面工。用鏤空法勾勒玉片主題輪廓。中間為卷筋花瓣，花蕊處陰刻“壽”字紋，外緣四周雕刻四蝙蝠，體現福壽寓意。

明　碧玉　龍首三棱紋　帶鈎

長8.2厘米　寬1.8厘米　高1.6厘米

碧玉質，色澤鮮亮，局部沁蝕，有芝麻狀黑色斑點。作龍首形，圓突雙眼，柳葉形眉。口微張，鼻隆起。雙角延伸至頸部。鈎身弧隆，尾端下塌。身上有凹棱三條，凸出四條弦綫，棱角分明，曲綫對稱，簡潔明快。底部有一圓鈕。

明　白玉　龍鳳紋　璧

直徑5.8厘米　厚0.5厘米

白玉，細膩溫潤。扁圓形。輪廓打磨，精細光滑。
正面用陰綫細刻技法裝飾一龍一鳳，分處左右，
俯仰顧盼。技法嫻熟，綫條流暢。寓意龍鳳呈祥。

明 白玉 龍鳳紋 璧

直徑5.7厘米　厚1.2厘米

白玉，質地佳美。扁圓形。正面浮雕一螭一鳳，分居左右。該璧紋飾新穎，碾琢精細，可謂材藝俱佳。

明　白玉　龍紋　帶銙

長6.5厘米　寬3.9厘米　厚0.8厘米

白玉質，局部留杏黃色皮。長方形，四周起立面邊框。框內挖地淺浮雕江崖升龍紋一條。龍細頸，毛髮上揚，尾作如意形。

明　白玉　童子牧牛

長6.1厘米　寬3.2厘米　高3.2厘米

白玉，細膩滋潤，局部見黃色皮子。圓雕。水牛呈伏狀，體格強壯，神情溫順，童子比例較小，攀立一側，似在為老牛驅蠅搔癢。人牛和諧，傳達出田野牧歌的氣息。

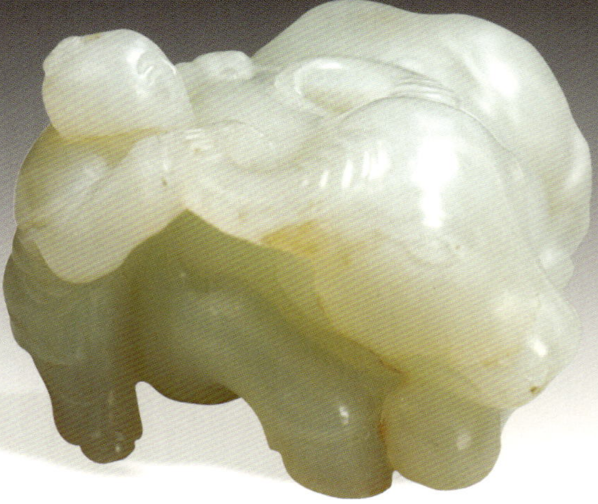

明　白玉　龍紋　鉈尾

長13厘米　寬5.4厘米　厚1厘米

白玉質地。長方形，一端圓弧。二層透雕，卷草紋為底。正面透雕升龍，四周飾花草動物，左為喜鵲，右為蝙蝠，表達人們對福祿壽喜美好生活的追求和向往。此器紋飾體現了明代玉雕“圖必有意，意必吉祥”的風格。

明　青玉　問天人物

高8.8厘米　寬3.5厘米　厚1厘米

青玉溫潤，局部受沁蝕。立體圓雕。人物昂首佇立，仰面向天。長鬚飄拂，面容清秀，神情專注。雙手合抱于胸前，着寬袖長袍，曳地長褲。似屈原在向天發問。是一件頗具藝術水準的人物雕件。

明　青白玉　螭童紋　轉心璧

長9.1厘米　寬5.1厘米　厚1.2厘米

青白玉，留青灰色皮，局部芝麻狀黑點。橢圓形。有中孔，內琢轉動圓珠。徑面刻地支十二字。廓外高凸雕一螭一童，分別攀附于璧緣左右。

明　白玉　雙螭紋　鐲

直徑5厘米

白玉溫潤。局部留皮，呈杏黄色。廓外隨形巧雕螭龍兩條。

明 白玉 鳳紋 片

長5厘米 寬4.2厘米 厚0.5厘米

白玉質，局部有隔。正方形片狀。鏤空雕刻鳳銜枝紋。鳳首五官及羽毛花尾刻劃均精細準確。一絲不苟。單面工。背面素紋。

明　墨玉　五蝠紋 帶銙

長8.8厘米　寬3.2厘米　厚1.5厘米

墨玉質，有飯糁，受沁蝕，局部呈黃褐色。長方形。正面四邊起棱，内減地浮雕五隻形狀各异均展翅飛舞的蝙蝠，象徵五福俱全。

明　白玉　太師少師　佩

長5.5厘米　寬3厘米　厚2.5厘米

白玉。圓雕一大一小兩頭獅子。大獅伏地戲一球，
小獅爬伏于背，嬉戲逗鬧，引來大獅回首顧望。
這樣的題材，即寓意太師少師，父子高貴。

明 白玉 龍紋 帶銙

長6.4厘米 寬4.7厘米 厚0.9厘米

白玉質地。長方形。邊框內雙層透雕瑞草升龍紋。分層鏤雕法明中期盛行。其技法為：先在減地部分透雕細密均勻的輔紋，然後對保留部分的主題紋飾深入加工，并拋光，使之富玻璃光澤。

明　白玉　持荷戲鵝雙童

高4.8厘米　寬4.3厘米　厚1..2厘米

白玉質，局部留皮，呈棗紅色。圓雕，兩童子相傍而立，一人持荷，一人抱鵝。持荷者梳雙髮髻，抱鵝者光頭。雕琢欠工，屬“明大粗”作品。

明　白玉　螭紋　桃形帶銙

長6.2厘米　寬5.7厘米　厚1厘米

白玉質，土沁嚴重，呈紅褐色。桃形，邊框內挖地浮雕一條盤身曲腿的螭龍。

明　青玉　獸鈕印

長2.6厘米　寬2.4厘米　高2.3厘米

青玉。受沁，呈褐色和黃褐色。印身為扁方柱體。鈕比例較大，超過印身，雕琢成軀體盤曲的瑞獸形象。刻劃簡潔，軀背圓渾光滑。頂部內凹，鑽象鼻穿孔。

明　青玉　雙螭耳杯

長10厘米　寬3.3厘米　高4.8厘米

青玉，瑩澤，受黃褐色沁。杯侈口，口沿外壁刻一圈弦紋。深腹內弧，圈足略外撇。雙耳作盤曲的龍紋，前爪與口均攀靠杯口沿，略高，獨角，臉部眼、鼻、耳突出。長尾二分叉，同後肢一起，用浮雕技法附貼于杯腹壁。從玉質、造型到雕工，均為典型的明器。

明　白玉　和合童子　佩

高4.2厘米　寬3厘米　厚1.5厘米

白玉質地，近二分之一受沁，呈灑金黃色和黃褐色。圓雕。童子作蹲踞狀。頭面寬大渾圓，五官比例較大，梳對稱髮髻，圓大高凸。穿寬衣大衫。一手托一寶盒，另一手握荷花。童子笑逐顔開。盒與荷，暗示和合二仙，寓意兄弟朋友親密無間，夫妻恩愛和睦。

明　白玉　雙耳杯

長10厘米　高3.3厘米

白玉，有隔，受朱砂沁。杯深腹，弧腔，圈足。
置對稱雙耳。耳面陰綫刻勾連雲紋。

明　白玉　龍首螭紋　帶鉤

長11厘米　寬2.6厘米　高2.9厘米

白玉，滋潤無瑕。鉤作龍首。鉤身長方形，拱狀。面透雕螭龍，四足着地，身肢彎曲，口銜靈芝。螭首與龍頭昂首相對，故這種題材也被稱作“望子成龍”。

明 白玉 漁翁

高5.5厘米

白玉質地，局部為糖玉巧色。立體圓雕。漁翁面龐瘦削，神態蒼老，直綹狀長鬚。着交領窄袖短襖，袖口挽至肘部以上。褲管綰至膝蓋，雙脚赤裸。背斗笠，挎魚簍，雙手對握于魚簍口。該佩寫實生動。漁、樵、耕、讀為常見的琢玉題材。

明　青玉　雙獸鈕　印

長3厘米　寬2.4厘米　厚1.8厘米

青玉，材質欠佳。印身方形。鈕部巧雕，鏤空碾琢兩獸，呈爭鬥狀。

明　白玉　夔龍紋　片

長6.5厘米　寬2.9厘米　厚1厘米

白玉，受沁，呈黃褐色。長方形片狀。鏤空圓雕，雙面工。整器雕琢成S形彎曲的夔龍。張嘴，有角，眼陰刻，作菱形，尾卷曲分叉。身刻飾勾連雲紋。

明　白玉　和合二仙

長5.5厘米　寬3.8厘米　厚1.4厘米

白玉溫潤。圓雕。一大一小兩童子騎伏于一大圓盒之上，并合持一枝蓮荷，所謂和合二仙，寓意和合如意。

明　白玉　琮形勒子

長6.5厘米　直徑3.2厘米

白玉，受沁，呈鐵銹色。呈琮形，有三節，刻飾弦紋。中貫圓孔，便于穿繫。

明　青玉　筆架

長11.8厘米　寬2.5厘米　高4厘米

青玉質地溫潤，皮色鮮亮，包漿自然。筆架又似五指山，實用與欣賞功能融合一體，若自然天成，樸實無華。

明　青玉　人物

高4厘米　寬2.5厘米　厚2厘米

青玉質，留赭褐色皮子。立體圓雕。人物體格寬大，一脚立地，一脚抬舉，并按一手于膝上。面龐寬大，深目高鼻，高顴骨，絡腮胡子，氣閑神定，雙目含笑。應為練功達摩像。着交領寬袖大衫，巧用皮色為衣彩，似若袈裟。為巧雕佳作。

明 青玉 雲紋 片

直徑5.8厘米 厚0.4厘米

青玉質，溫潤透明。扁平圓形。雙面透雕。居中璧形，雙弦綫勾邊，內壓地刻卷雲紋。外緣鏤空，雕琢六組勾連雲紋。為一般的裝飾佩挂件。

明　白玉　回紋　方洗

長8.1厘米　寬5.2厘米

白玉質，有隔。受沁或火燒，整器呈牛毛狀黃褐色沁，局部呈黑褐色。長方形，平底，平折口沿，中間掏空為洗池。口沿外壁陰刻一圈回紋。簡潔典雅。

明　白玉　雙螭雲紋　出廓璧

長7厘米　寬4.2厘米　厚0.4厘米

白玉。璧扁圓，兩面飾勾連雲紋，中孔飾花朵。
廓外鏤空透雕雙螭龍，左右對稱。

明 白玉 蝴蝶 片

長8厘米 寬4厘米 厚0.7厘米

白玉，有隔，受沁，呈土黃色。橄欖形，片狀。透雕雙面工。蝴蝶展翅，翅翼寬大，左右各鏤空雕一萬字。上首部飾秋葵紋。為裝飾用玉，亦可佩挂。

明　碧玉　持荷臥童　筆架

長8.3厘米　寬2.6厘米

碧玉質，色澤欠佳。筆架為文房用品。玉工將這雕琢成持荷臥童的造型，設計巧妙，人物神情衣飾刻劃亦細致工整，是實用和技藝兼佳的作品。

明　白玉　雙喜平安帶環

長6.7厘米　寬4.4厘米　厚1.2厘米

白玉，細潔滋潤。扁平，近長方形。整器雕琢成寶瓶狀，有雙耳，腹部刻雙喜紋。一端置活環。背部有圓鈕，便于繫帶。

明 白玉 松鶴延年紋 如意吉子

長7.3厘米 寬5.4厘米 厚1.8厘米

白玉質，局部黃褐色沁。橢圓形，為三鑲玉如意之首部鑲玉。正面弧圓隆突，邊框內淺浮雕鹿紋、鶴紋和松樹紋。鹿長角回首，松樹則蒼幹虬枝，鶴則臨流專注。這些紋飾題材表現延年益壽的寓意。

明　白玉　蟬

長6厘米　寬3.8厘米　厚0.7厘米

白玉質，大面積受赭黃色沁。圓雕。技法粗獷，
擅用粗短的陰刻綫。蟬首鑽有牛鼻穿，便于佩挂。

明　白玉　鵝銜桃枝紋　佩

長4.6厘米　寬3.8厘米　厚1.8厘米

白玉，滋潤亮澤。立體圓雕。天鵝作臥伏狀，昂首回顧，長喙，鵝突圓渾光潤。羽毛刻劃工細。口中銜桃枝，果實、枝葉均逼真生動。枝間鏤空，既增強寫真效果，又可供穿繫佩挂。鵝銜壽桃，為主人增壽，為傳統的玉雕題材之一。

明　白玉　弦紋　三足香爐

高8.7厘米

白玉致密溫潤，材色俱佳。爐身成圓底圓形，外壁陰刻柳條狀弦紋，下承三足，呈葱管狀，肩置兩立耳。有蓋，蓋面圓拱，亦刻飾柳條狀弦紋。頂琢花蕾狀鈕。配紅木底座。

明　白玉　劉海戲金蟾佩

長5.2厘米　寬3.8厘米

白玉質地，局部留黄褐色皮子。圓雕。劉海圓臉大耳，頭髮整齊，身體肥胖，袒胸露肚。一手提金蟾，一手執繩，繩上串銅錢。雕刻精細，形象生動。

明 白玉 螭紋 璧

直徑7厘米 厚1厘米

白玉質，局部受沁呈桂花黃色。扁圓形。正面浮雕一螭龍，身軀綿長盤曲，首尾相連。龍紋刻劃精細，如用一組陰刻綫表示後飄的頭髮，用細密的網格紋表示腿部的鱗片。

明　白玉　麒麟獻書　擺件

長10.5厘米　寬7.2厘米　厚4.3厘米

白玉，細膩溫潤。受黃色沁。圓雕。麒麟作臥伏狀。頭部器官及尾、蹄、鱗等均精雕細琢，形象豐滿真實。背馱書一摞，并用綢帶捆縛，質感生動。麒麟回首顧書，使主題更加鮮明。間飾祥雲紋。

明　青白玉　龍紋　佩

長7厘米　寬4.5厘米　厚0.6厘米

青白玉，質地溫潤。呈片狀，透雕雙面工。

明　白玉　太獅少獅

長5.5厘米

白玉，純潔滋潤，材質佳美。立體圓雕。太獅少獅作蹲伏狀，彼此首足相依，親昵無間。雕琢技法寫意而傳神。兩獅雙目各嵌兩顆渾圓的紅寶石，種色俱佳，似雪地紅梅，奪人眼球，極具藝術感染力。

明　青白玉　日月勒子

高7厘米

青白玉質，滿器受沁。呈土黃色和鐵銹紅。勒子呈方柱體，邊角圓渾。四面淺浮雕日月紋和勾連雲紋。中貫圓孔，便于穿繫。

明　白玉　雲龍紋　爐頂

高5.8厘米

白玉，溫潤無暇。爐頂饅頭狀。鏤空雕刻肢體盤曲的龍紋和靈芝狀雲紋。

明 白玉 竹節紋 佩

長6.5厘米 寬4厘米 厚1.1厘米

白玉，滋潤亮澤。立體圓雕。三節竹子的形象真實生動，一旁浮雕竹枝竹葉，十分逼真。竹子虛心勁節，凌寒不凋，而又以無暇白玉雕琢，誠君子佩玉之上選也。

明 白玉 瓜果 佩

長6.8厘米 寬3.5厘米 厚2厘米

白玉，留杏紅色皮。仔料圓雕。一邊平整，一邊圓隆，雕琢出圓渾的長瓜和并蒂相連的枝葉，形象生動。

明　白玉　幸福如意　佩

長10.2厘米　寬6.2厘米　厚0.6厘米

白玉，潔白滋潤。略呈三角形片狀。鏤空雙面工。中間為一開啓的圓盒，一柄如意穿盒而過。外側為兩隻攀附盒緣的蝙蝠。

明　白玉　龍紋　桃形帶銙

長160厘米　寬7厘米　高7.5厘米

白玉質，黃褐色沁，局部綠色沁。桃形。透雕龍紋和靈芝、松樹紋。刀法粗獷，綫條硬厲，可見拉絲痕，為“明大粗”玉工的實例。

明　白玉　雙螭紋　瑗

長7厘米　寬5.3厘米　高1厘米

白玉，有隔，受沁，瑗呈橢圓形。廓外高浮雕兩條螭龍，上下盤曲，其一口銜靈芝。螭首及足尾過瑗緣而入。

明　白玉　雙獾

長2.5厘米　寬5厘米　厚2.2厘米

白玉，細潔溫潤，受杏黃色沁。圓雕。雙獾軀體交結，伏地嬉戲，口銜靈芝。有圓孔可繫挂。該佩件具有歡樂如意的寓意。

明　白玉　雙歡　佩

長5厘米　寬3厘米　厚2.5厘米

白玉，質地上乘。局部受黃褐色沁。圓渾團狀，為整塊和田白玉仔料圓雕而成。雙獾一大一小，彼此親昵嬉戲，充滿溫情。碾磨工藝一流；刻劃則簡練粗獷，體現明代玉琢的特徵。

明　白玉　螭紋　雙聯勒

長6厘米　寬1.9厘米　厚1.8厘米

白玉質地，有綹，受沁，呈赭黃色。器作長方形，圓雕聯體雙勒子。上下端管口部細小渾圓。正面高浮雕盤曲爬行的螭紋。

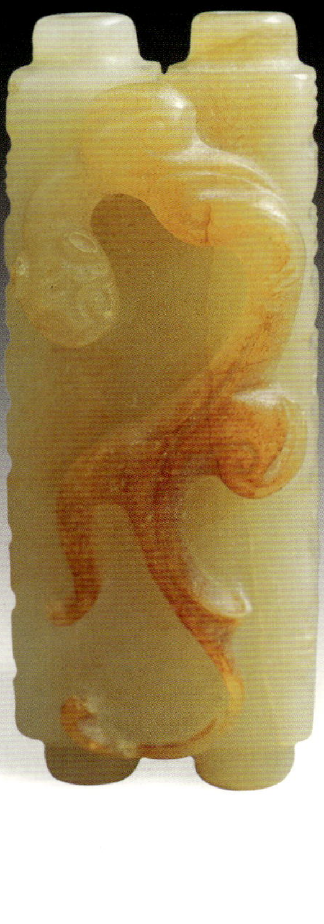

明　白玉　山水人物紋　佩

長5.7厘米　寬4.3厘米　厚0.6厘米

白玉，有黃褐色沁，扁平圓形，單面工。正面陰綫細刻山水人物圖。茅舍孤樹，高士佇立，遠山隱現，江水浩茫，一派空曠寂寥的境界。首部鏤空雕刻雙龍紋，內飾纏枝花卉。

明　白玉　夔龍紋　鎖片

長9.1厘米　寬7厘米　厚0.7厘米

白玉，長方形。鏤空雙面工。兩側飾夔龍紋，中間長方形玉牌刻“長命日月”四字。俗稱長命鎖。為長輩送給兒孫為他們壓歲祈福的佩件。

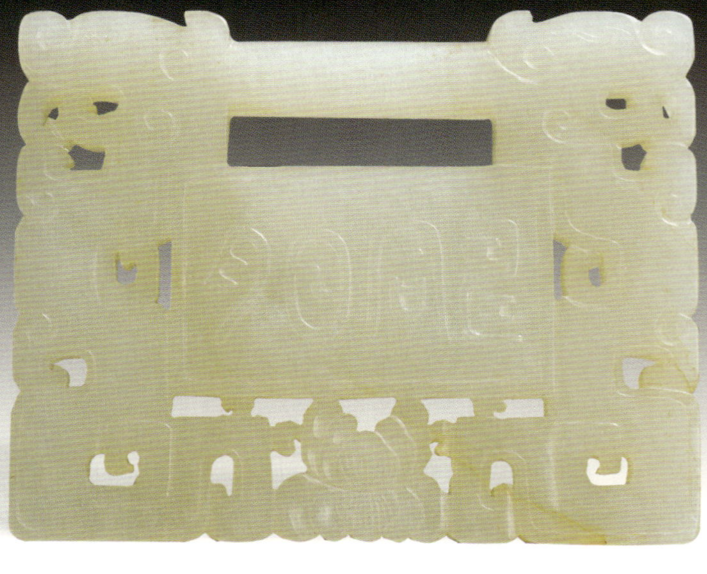

明　白玉　持荷雙童　佩

長5.9厘米　寬4厘米　厚1.7厘米

白玉，局部帶黃褐色皮子。圓雕，整器渾圓，邊緣光潤。雙童作立姿，中間雕琢一枝蓮花。拋光良好，局部泛玻璃光澤。

明　白玉　竹節紋如意吉子

長7厘米　寬3.5厘米　高1.5厘米

白玉質地，泛青色，局部黃褐色沁。橢圓形，為三鑲如意之中部鑲玉。橢圓形環座上雙層透雕迎風挺立的竹子。竹子有虛心勁節、節節高升的美好寓意。

明　白玉　雙螭乳釘紋出廓璧

長8.3厘米　寬5.7厘米　厚0.9厘米

白玉質，局部受沁呈土黃色。璧扁圓，中有孔。雙螭攀突于璧外，背面飾乳釘紋。螭紋鏤空圓雕，雕琢複雜，螭首和足過璧緣而入。璧面隆起，俗稱“饅頭拱”。乳釘紋采用管鑽技法。此為明代典型出廓璧。

明　白玉　馬上封侯　佩

長8.2厘米　寬6厘米　厚0.9厘米

白玉，致密溫潤。扁平橢圓形。圓雕。馬臥伏，豐臀勁腿，體格健壯。馬首彎曲回顧，鬃毛紛披，神情溫馴。馬背雕琢一小猴，與馬嬉戲，狀極機靈。相間鏤空，便于穿繫。馬上封侯亦為常見的玉雕題材之一，寓意升官進爵。

明　白玉　馬上封侯紋　帶扣

長7.5厘米　寬5.9厘米　厚0.9厘米

白玉泛青，質地滋潤。略呈橢圓形。面微拱。飾伏地而息的馬，馬背上攀附一猴。雕琢精細。背面置兩圓鈕，用于繫帶。

明　白玉　童子采蓮　佩飾

長7.7厘米　寬2.5厘米　厚0.3厘米

白玉質，扁平片狀。二片成對。材質和紋飾完全一樣。單面碾琢。透雕童子采蓮情景。人物、荷葉、蓮花、藕以及飛翔荷塘的翠鳥均作具體的安排，生動刻劃。畫面繁而不亂，極富裝飾效果和生活氣息。

明　白玉　麒麟送子紋　片

長7.3厘米　寬7.1厘米　厚0.6厘米

白玉泛青。正方委角片狀。單面透雕。居中雕刻麒麟送子紋，刀法粗獷；外圍以四條簡體夔龍紋框邊；四角內琢刻暗八仙中的四仙。顯然，該片當與另外一片成對使用，以為裝飾之用。

明　白玉　秋山紋　帶銙

長7厘米　寬4.3厘米　厚0.7厘米

白玉質，有黃褐色沁。長方形，四周長方形無紋邊框。正面多層透雕秋山紋。秋山紋為遼金北方地區肇端的一種紋飾題材，表現秋季山林狩鹿的場景。

明　白玉　穿花龍紋　帶銙

長8厘米　寬5.2厘米　厚0.7厘米

白玉質地。長方形。正面透雕升龍形象，輔紋祥花瑞草。

明　白玉　壽字麒麟紋　片

長7.3厘米　寬6.2厘米　厚0.8厘米

白玉，材質欠佳。長方形片狀。單面工。二層透雕。底層為細密均勻的窗欞紋，分別在麒麟的上左右三處。上層紋飾，麒麟紋居下，襯以山石；首中圓形開光內琢壽字，其餘四角飾四季花卉紋。單面雙層透雕為明玉片雕琢的顯著特徵之一。

明　白玉　萬壽長春紋　帶銙

長6.5厘米　寬6.3厘米　厚0.7厘米

白玉。局部受沁呈黃褐色。扁平長方形。透雕單面工。長方形窄邊框。框內正中開菱形大開光，內飾纏枝葵花和壽字紋、萬字紋，表示萬壽無疆。四邊角各開心形小開光，內琢萬、喜、長、春四字。

明　青玉　荷葉形　把杯

長9厘米　寬7.8厘米　高4厘米

青玉，材質欠佳，色澤不純，局部損蝕。杯圓底，腹較深，呈翻卷的荷葉狀。把雕琢成一把蓮狀，紋飾繁複。

明　白玉 麒麟紋　帶銙

長7厘米　寬6厘米　厚0.6厘米

白玉。長方形。透雕雙層單面工。長方形窄邊框。內中開菱形花瓣開光。開光內以麒麟為主題紋飾，以窗欞紋為地紋。開光外四角飾折枝蓮紋。

明　白玉　五岳紋　墨床

長4.1厘米　寬3厘米

白玉。扁長方形。嵌置于紅木架上。上面陰綫刻飾代表五岳的圖形符號。右上為東岳泰山，左上為西岳華山，左下為南岳衡山，右下為北岳恒山，中間為中岳嵩山。玉器中雕琢五岳圖，相當少見，故十分珍貴。墨床為古人書房內擱置墨錠之具，為重要的文房用具。

明　白玉　馬紋　扳指

高2.5厘米　直徑2.9厘米　厚0.5厘米

白玉，質地潔白潤澤。矮圓筒形，上下端平直，口角部圓鈍光滑。外壁減地浮雕馬紋。

明　青白玉　佛紋心形　片

長6.7厘米　寬4.6厘米　厚1厘米

青白玉質地，受沁蝕，呈黃褐色。器形呈心形片狀。鏤空單面工，中心主題紋飾為結跏趺坐的佛象，頭戴五葉冠，施禪定印，雙肩披帔帛，佛下刻蓮花一朵，為蓮花座。地紋為纏枝蓮紋，與主題紋形成雙層感。器周飾火焰紋，亦低于主題紋飾。

明　白玉　龍首螭紋帶扣

長9.3厘米　寬4.8厘米　高2.3厘米

白玉質地，略呈長方形。有鈎和環兩部分組成。鈎首作龍形，環一端為橢圓形孔。器表鏤空透雕相對的蟠螭紋飾。螭龍口銜靈芝，身體盤曲，形態自然，底部各有光素無紋的圓形鈕，用于在帶上固定。

明　青玉　乳釘紋　龍耳尊

長16厘米　寬7厘米　高7.5厘米

青玉，有玉綹，黃褐色沁。尊作長方形，口外侈，外壁兩例飾對稱凸雕輔首。腹部凸起，雕刻扉棱和乳釘紋，乳釘用管鑽技法。長方形高圈足。有雙耳，對稱布置，雕琢成龍形。

明　白玉　梅花杯

高6厘米

白玉質，局部有沁。圓雕、透雕、淺浮雕多種技法并施。這種形製的梅花杯造型在明清之際十分盛行，我們從同一時期的犀角杯、德化白瓷杯中也能看到幾乎一樣的造型和紋飾。

明　白玉　獾鈕圓印

直徑1.7厘米　高2.8厘米

白玉溫潤。印身呈圓柱形。印鈕圓雕一獾。獾通假“歡”。

明　碧玉　蟬紋　雙把杯

長12厘米　寬5.6厘米　高6.6厘米

碧玉，有隔，局部飯糁。杯身呈長筒形。外壁刻飾三層紋飾，自上而下分別為漩渦紋、乳釘紋和蟬紋。置夔鳳紋雙把。

明 白玉 獸鈕 印

長3厘米 寬2.8厘米 高5.6厘米

白玉泛青。受赭黃色沁。印身作方柱體。鈕部鏤空圓雕一立獸，獨角，翹短尾，四肢粗壯有力。

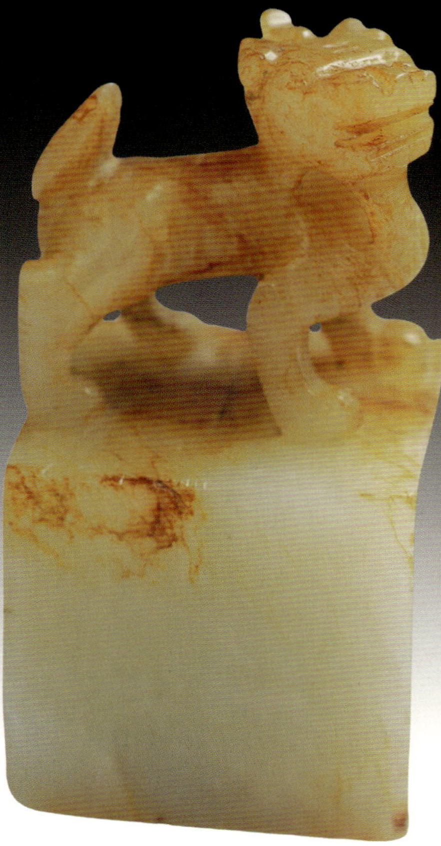

明　白玉　持瓶人物

高10厘米

白玉閃青，致密溫潤。人物呈蹲踞狀，着交領外套。
一手持瓶，瓶中插荷。寓意平安。

明 白玉 龍首螭紋 帶扣

長11厘米

白玉，溫潤致密。由鈎和環兩件扣合而成。鈎琢成龍首，環一端有橢圓形孔。兩面均透雕銜靈芝螭龍，雕琢精美。背面各有圓鈕，便于帶上固定。

明 白玉 龜鈕 印

長2.2厘米 寬2.2厘米 高2.5厘米

白玉。有桂花黃沁。扁正方形。鈕作龜形，龜脊骨突起，刻六角龜背紋。龜腹下鏤空。龜鈕印始行于漢，後代多有仿之。此印玉質精良，琢工渾樸，拋光明亮，為明代風格。

明　青玉　香爐

直徑8.7厘米　長17厘米

侈口，內弧腹，折脛，圈足，對稱雙耳。造型模仿商周青銅簋，故可稱簋式爐。青玉質，沁色濃重，似為人工火燒做沁，恰與青銅古色相彷彿。

明　白玉　壽字　扳指

高2.6厘米　直徑2.8厘米　厚0.4厘米

白玉，大部受沁，呈棗皮紅和膏藥紅等色澤。圓柱形。上下平直。口角部渾圓光滑。外壁上部刻團壽紋。壽紋為減地浮雕，刀法粗獷，地子不平，反映了明代玉工粗率一路作品的風格。

明　白玉　雙龍雙鳳紋　片

長6厘米　寬4.3厘米　厚0.5厘米

白玉滋潤，局部留杏黄色皮。長方形片狀。鏤空雙面工。畫面為肢體交結纏繞的兩龍兩鳳，構思奇巧，刀法簡練。

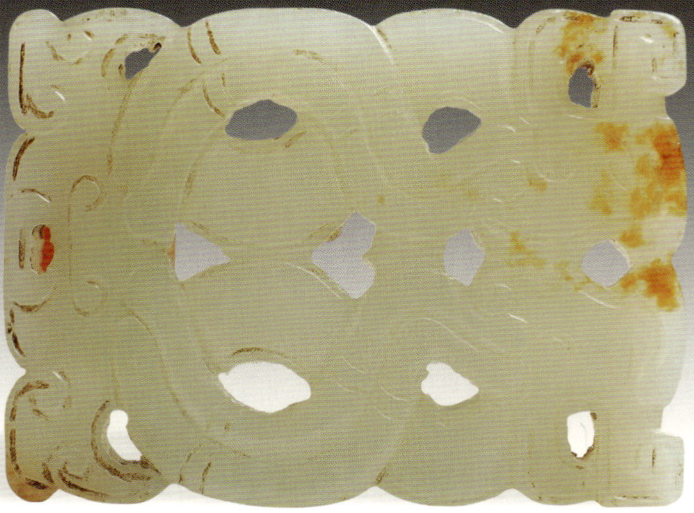

明　白玉　靈芝紋扳指

高2.7厘米　直徑2.8厘米　厚0.5厘米

白玉，局部受沁，呈褐色。圓柱形。上下平直。外壁上下陰刻回紋一圈。主題紋飾為靈芝紋，刀法簡練，作風寫意。

明　白玉　菱角佩

7.5厘米　高5.2厘米　厚2.5厘米

白玉，致密光潔。局部留桂花黃皮子。隨形圓雕。運用透雕和打磨等手法雕琢四隻成熟飽滿的香菱，并刻飾秋葵一枝。象形狀物，頗具功力。菱諧音靈，其義自明。

明　白玉　龍紋　帶銙

長7.5厘米　寬5.3厘米　厚0.8厘米

白玉，長方形。內外雙面起立邊，中間透雕萬字紋。內方框內開菱形開光。開光內透雕兩層紋飾，上層為透雕升龍紋，下層為萬字紋。這種分層鏤雕法在明代中後期十分流行。

明　白玉　無字　牌

長4.6厘米　寬3厘米　厚0.6厘米

白玉，細膩溫潤，留皮，呈灑金黃色，流雲狀分布。除牌首細刻雙龍紋，餘皆光素無紋，展示玉之自然品質和色澤，體現良材不雕的原則，蘊含平安無事之寓意。

明　白玉　螭銜靈芝紋璧

直徑5.2厘米　厚0.9厘米

白玉，滋潤亮澤。扁圓形。正面浮雕螭紋一條，肢體盤曲，口銜靈芝。

明 白玉 鶴紋 片

長5.1厘米 寬3.8厘米 厚0.3厘米

白玉，大部分受沁，呈紅褐色。扁平長方形，花形邊。透雕單面工。外圍飾纏枝花紋，中上部開光，呈海棠花形，開光內雙層透雕，底層為卷草紋。主題為降鶴紋，鶴回首展翅，工細寫實。

明　白玉　雙螭紋　璧

直徑5.7厘米　厚1厘米

白玉質，扁平圓形，形製規整。正面高浮雕一大一小兩條螭龍，刻琢欠精細。為常見的璧形佩。

明　白玉　螭銜靈芝紋　璧

直徑4.9厘米　厚0.7厘米

白玉質，大面積留皮，皮色由深到淺，分別呈黑漆黑、棗皮紅和赭黃色。扁圓形。正面俏色高浮雕一條銜靈芝螭龍，螭首和腿侵入璧中圓孔，為巧雕之作。

明 白玉 花卉紋 片

長6.4厘米 寬6.5厘米 厚0.5厘米

白玉質，滿器受沁，呈土黃色，局部有芝麻狀黑斑點。正方形片狀。鏤空單面工。器中開八角框，內飾朵花。外刻劃纏枝花卉。

明　白玉　童子

高5.4厘米

明　白玉　麒麟花草紋　帶銙

長6.7厘米　寬5.8厘米　厚0.5厘米

白玉質，沁蝕較重。扁平長方形，透雕雙層工。長方形窄邊框。框內主題紋飾為麒麟、靈芝和松梅，底紋為卷草紋。

明　白玉　雙螭紋　環

直徑6.4厘米　厚1.1厘米

白玉。局部受紅褐色沁。圓形，中孔大，肉好若一謂之環。正面浮雕螭紋兩條，相離相對，形製簡約。

明　白玉　螭紋　璧

直徑5.8厘米　厚1厘米

白玉，致密潤澤。局部留皮，色呈紅褐色和金黃色。
璧圓形，中孔小巧。正面浮雕曲體爬行的螭龍一條。
兩前爪呈舉手投降狀，尾部開叉。

明 白玉 鐘形 牌

長7厘米 寬4厘米 厚0.8厘米

白玉泛青。有綹。受沁，局部呈黃褐色。器形呈覆鐘狀。上部陰綫刻壽字紋，中間刻劃一周幾何三角紋，下部為蕉葉紋。鐘體外廓透雕一對龍紋。此器紋飾雖有古器風格，但經創新，重新組合，為明清常見技法。

明 白玉 鵝紋 帶銙

長7.2厘米 寬6.3厘米 厚0.4厘米

白玉滋潤。長方形。透雕雙層工。長方形邊框內飾天鵝低飛于荷塘之蓮花荷葉間，底紋為纏枝花草。此題材類似春水玉。只是不見海東青的身影，天鵝神情也不驚慌。

明　白玉　持荷童子佩

長6厘米　寬3厘米　厚1.3厘米

白玉，質地堅致潤澤。局部受黃褐色沁。圓雕。童子作臥姿，昂首曲腿。廣額雙髻。素體赤脚，手足均戴鐲。雙手執荷，荷枝繞身為輪廓。該器着重運用打磨抛光工藝以表現嬰孩肌膚的嫩美。

明　白玉　方形　璧

長5.5厘米　寬3.6厘米　厚1厘米

白玉溫潤，有桂花黃皮斑。扁平近橢圓形。正面刻飾勾連雲紋。

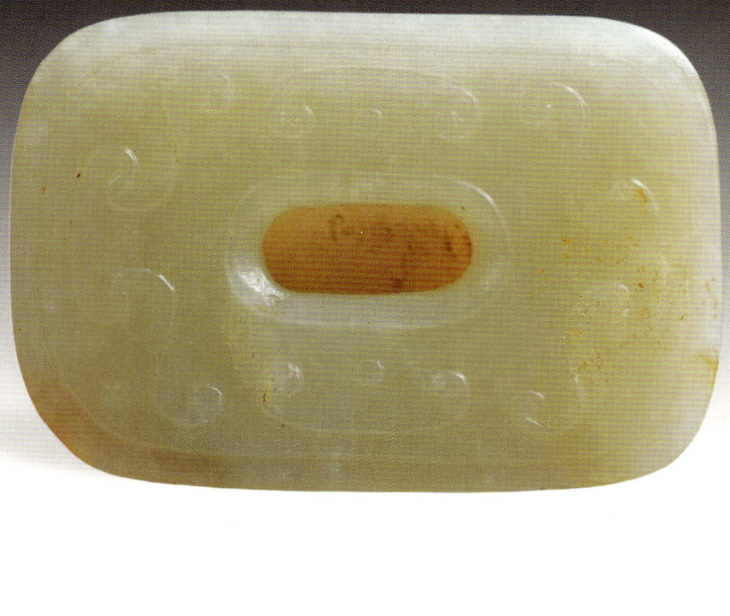

明 白玉 鳳穿牡丹紋 佩

長9.2厘米 寬5.8厘米 厚0.6厘米

白玉，受黃褐色沁。扁平橢圓形，透雕雙面工。
飾鳳穿牡丹紋，鳳紋比例大，呈展翅欲飛狀。

明　白玉　蝠首穀紋璧

長7厘米　寬4.5厘米　厚0.7厘米

白玉，有隔，受沁處呈黃褐色。璧扁圓，中孔偏小。兩面飾穀紋。首部凸雕一蝙蝠，頂部鑽孔，便于繫佩。

明　白玉　動物花卉紋　片

長5.5厘米　寬4.8厘米　厚0.5厘米

白玉，致密晶瑩。扁平長方形，左上右三邊圓弧。透雕雙面工。畫面中心雕琢一隻狼，回首四顧，雙耳聳立，狼毛用陰刻短綫表示，將狼的行走特徵和多疑的品性展示的逼真生動。輔飾山石、樹枝、花草，將狼的生存環境也作客觀真實的表達。該器題材獨特，技法高超，值得珍視。

明　白玉　和合二仙　片

直徑5.5厘米　厚0.6厘米

白玉，致密潤澤。扁平圓形。鏤空雙面工。以一圈聯珠紋為邊框，珠紋打磨精細，拋光良好。中心畫面為一開啓的圓盒和荷花荷葉各一枝。雖然不見和合二仙的形象，但有盒有荷，因此這樣的紋飾也稱“暗和合二仙”，同“暗八仙”之說一樣道理。

明　白玉　人物　擺件

高11.5厘米　寬4.3厘米　厚2.6厘米

白玉。圓雕人物立像。人物方臉大耳，高鼻深目，蓄八字胡。神情莊重。身着立領寬袖長袍，一手置胸前。

明 青玉 無紋 帶板一組

青白玉，質地溫潤無瑕。這組帶板有八塊長方形銙和四塊桃形銙組成。玉質清純姣好，而碾磨精細，抛光亮澤，無紋無飾，若芙蓉出水，自然天成。

明　白玉　雙螭紋　璧

直徑6.3厘米　厚1.1厘米

白玉。扁圓形，中穿孔。正面高浮雕兩螭紋，一大一小。大螭口銜靈芝紋。靈芝雲頭狀，左右單向內卷不對稱，整體橫長，跨越中央孔徑。

明 白玉 馬上封侯 佩

長6厘米 寬3.2厘米 高4厘米

白玉，有隔，受鐵銹色沁。圓雕。馬伏地而臥，
馬背上攀一猴，一爪附馬首，一爪扯繮繩。

明　白玉　鵝鈕印

長5.2厘米

白玉滋潤。印為方柱體。鈕圓雕一回首天鵝。鵝眼為洞穿的圓孔。

明　白玉　匜形　龍耳杯

長8.3厘米　寬3.5厘米　高4.4厘米

白玉，有隔，受沁，呈赭黃色。雕琢仿青銅匜形杯。杯有流，杯口外壁光素無紋，腹部浮雕穀紋，橢圓形底足。環狀單耳，雕刻成螭龍形狀。白玉杯，為奢侈的生活用具。

明 白玉 壽星童子 佩

長6.5厘米 寬4.2厘米 厚1.7厘米

白玉質地潔白細膩，局部留皮，呈黃褐色。圓雕。老壽星光頂壽額，面目慈祥，着寬袖長袍。一手執如意杖，一手托捧壽桃。壽桃下袖手立一童子，童子大臉雙髻，溫順可愛。童子喻福。該佩件寓意福壽雙全。

明　青玉　溪山行旅紋　片

長7.3厘米　寬6厘米　厚1厘米

青玉質，局部飯糝。扁平圓罐形。單面工。正面減地浮雕蒼松、危岩和山徑，山徑上一老者背攜葫蘆匆匆前行，有宋人山水畫的韵致。該器為裝飾用的鑲嵌玉片。

明　白玉　龍紋　帶銙

長6.7厘米　寬5.8厘米　厚0.6厘米

白玉，局部受黃褐色沁。扁平長方形，透雕單面工。
方框內雕刻長鬚升龍，輔紋為纏枝蓮紋，有雙層感。

明　白玉　雙螭乳釘紋　出廓璧

長8厘米　寬5.5厘米　厚0.8厘米

白玉質。璧扁圓，中有孔。一面平整，飾乳釘紋。一面微隆起，俗稱“饅頭拱”。双螭攀附于璧緣外，螭首咬住璧面，一開叉螭尾深入璧中間圓孔。

明　白玉　持荷童子

高6厘米

白玉，材質上乘。圓雕。童子單腿站立，曲身側臉。廣額瓜子臉，頭綰單髮髻。雙手握荷枝，呈背負之姿。

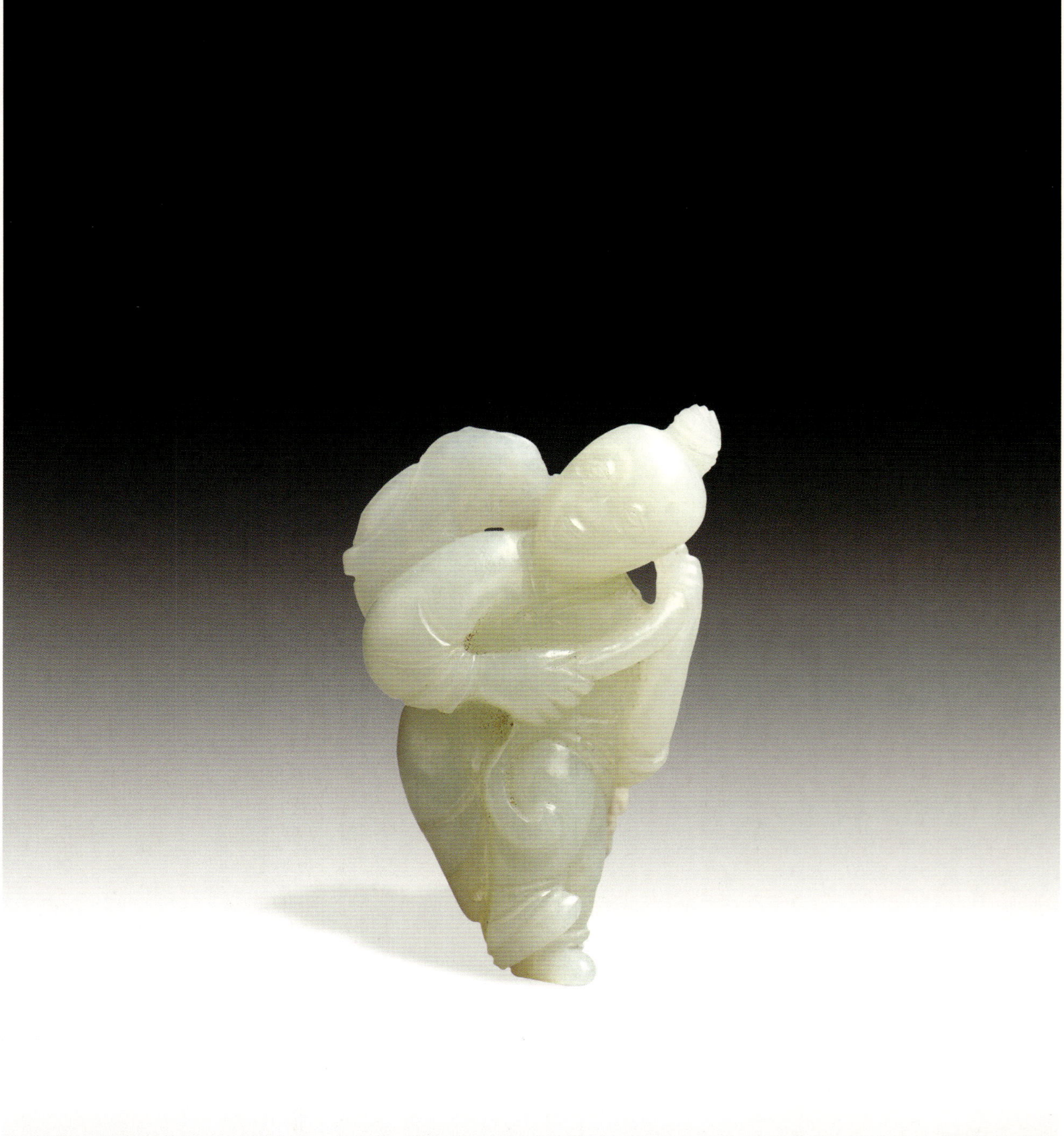

明　白玉　秋葉美女　佩

長7.5厘米　寬3.7厘米　厚1.7厘米

白玉質地，有飯糁。大面積留皮，呈灑金黃色和棗紅色。圓雕。巧用皮色，設計成秋葉美女的造型。秋葉枯老卷曲，紅于二月花，一美女仰臥其上，雖刀法簡練，而怡然之態可掬。為巧雕之佳作也。

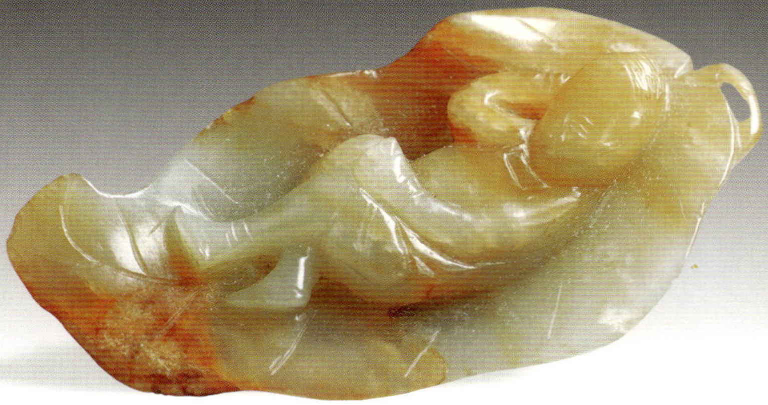

明　白玉　持荷童子　佩

長3.8厘米　寬1.8厘米　高4.2厘米

白玉，微泛青，致密溫潤。圓雕，童子作坐姿，一手撫膝，一手持荷。匠師依材造型，童子以坐姿持荷較罕見。

明 白玉 雙獾

長4厘米 寬3厘米 厚1.5厘米

白玉泛青，局部受沁，呈赭黃色。鏤空圓雕。雙獾俯仰上下，身軀隨形盤曲，口銜靈芝，彼此嬉戲，為常見的喜慶歡樂題材。

明　白玉　持荷童子

高6.2厘米　寬3.1厘米　厚1.6厘米

白玉，質地堅致細膩。局部受沁，作黃褐色。圓雕。童子廣額大耳，左右兩髮髻。五官刻劃特具匠心，惟妙惟肖。赤身素體，手足均戴鐲，而肥嫩之體膚碾磨得十分逼真。童子曲腿站立，雙手持荷，荷枝局部巧雕。

明　白玉　靈芝童子

高3.8厘米

白玉滋潤，局部帶虎黄色皮子。圓雕。器形渾圓，呈團狀，邊綫光滑，巧用皮色，刻畫工致。童子素身，着地而坐，形神豐滿可愛。手足皆戴鐲，手撫靈芝，串飾銅錢。童子喻福，靈芝喻壽，錢，全諧音，寓意福壽雙全。

明　白玉　瑞獸靈芝　佩

高3.6厘米

白玉質。留皮受沁，呈灑金黃和紅褐色。橢圓形。圓雕。瑞獸作匍匐狀，圓眼大嘴，馬尾，口銜一枝靈芝。

明　白玉　劉海戲金蟾

長2.5厘米　寬1.4厘米　高4.4厘米

白玉質，局部留皮。圓雕，整器渾圓。劉海面目慈祥，笑態可掬。袒胸露肚，身體寬胖。一手持繩，上串銅錢，一手持掃帚。赤脚，一足着地，一足踏住蟾背，蟾眼圓瞪，呈跳躍狀。

明　白玉　龍紋瓶

高6.8厘米　寬3.2厘米　厚1.8厘米

白玉滋潤。瓶直口，長頸，溜肩，弧腹，脛斜收，圈足。頸腹部浮雕四層紋飾，間以凸弦紋。以螭龍紋為主題。

明　白玉　印章

長2厘米　寬1.9厘米　高2.9厘米

印身呈四方形。鈕圓雕瑞獸。有沁色。

明　白玉　桃形水盂

高4厘米

白玉，留棗紅色皮。為留皮巧雕之作。水盂為成熟的桃子形象，一側鏤空雕出桃枝，以為把手。為文房用具。

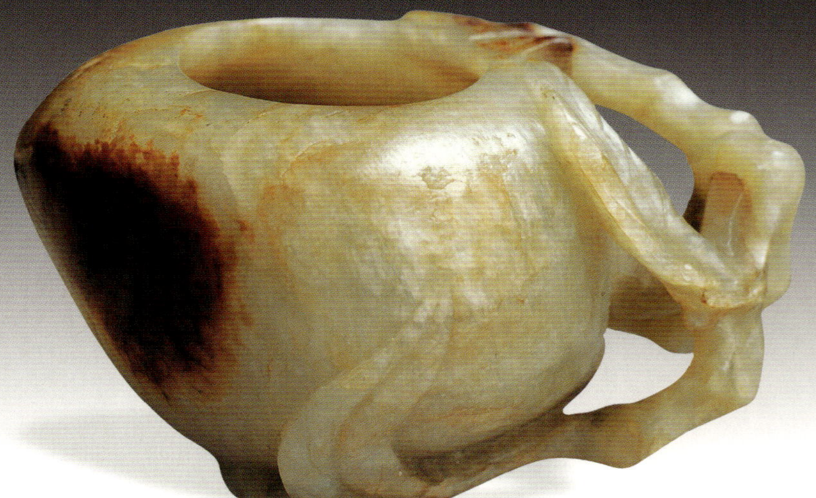

明　白玉　葫蘆童子　佩

長3厘米　寬2.3厘米　高4.8厘米

白玉，材質佳美。鏤空圓雕。童子攀依于葫蘆之上。童子大臉素體，梳雙髻，手足戴鐲。葫蘆大小相依，枝葉纏繞，充滿蓬勃生機。為一件材藝雙美的玉佩精品。

明 白玉 獅鈕 印

長4厘米 寬3厘米 高6.5厘米

白玉，致密溫潤。印身方柱形。頂部圓雕獅鈕。

明　白玉　長方　硯

長6.8厘米　寬3.8厘米　厚1.2厘米

白玉質，帶黃褐色沁。長方形，前端略厚，後端略薄。底部呈平面。用挺勁爽利的綫條刻出硯形，硯池低窪，硯心低凹。硯為重要的文房用品。玉硯一般用于搽磨朱砂。

明　白玉　福在眼前　佩

長6.3厘米　寬4.8厘米　厚0.6厘米

明 白玉 佛手 擺件

高9厘米

白玉閃青，留杏紅色皮子。立體圓雕，佛手果形象真實，巧用皮色，更添生機。

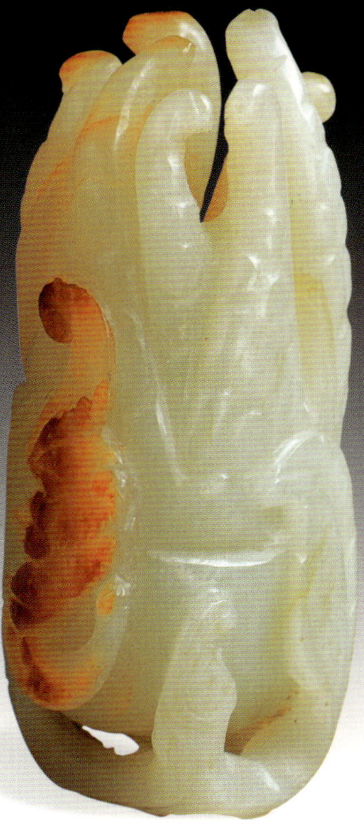

明　白玉　望子成龍　佩

長5.7厘米　寬2.4厘米　厚1.4厘米

白玉，質地細白滋潤。圓雕母子人物紋，呈圓柱狀。童子圓臉肥體，着開襟大衫，作半蹲狀，身後為仕女，秀臉高髮髻，身姿婀娜，正俯首凝視身下的童子。童子側臉含笑，稚拙之神情同母親的慈愛互為對應。

明 白玉 葫蘆童子佩

長5.3厘米 寬3.8厘米 厚1.8厘米

白玉，細膩溫潤。局部留黃褐色皮子巧雕。整器圓雕。童子置身于一柄大葫蘆上，雙手握藤蔓。童子比例不及畫面的四分之一。葫蘆碩大肥美，碾磨拋光，并巧用皮色。葫蘆諧音福祿，可見古人對此寄托了多麼殷切的期望。

明　白玉　葫蘆童子佩

長5.5厘米　寬4厘米　厚2厘米

白玉，局部留紅褐色皮。圓雕。童子雙手握藤伏身于葫蘆上。葫蘆比例大小超過童子。運用透雕和刻劃、碾磨等多種技法，表達人們對福祿富貴的追求和向往。

明　白玉　墨床

長7.7厘米　寬3.3厘米　高1.7厘米

白玉質，瑩潔光潤。局部受赭褐色沁。長方形，兩端方折下卷。末尾雕琢成十字形，支撐床體，造型簡練規謹，若明式家具。墨床亦為文房用品。器面用于放置墨錠。

明 白玉 玉堂富貴紋 片

長7.6厘米 寬5.8厘米 厚0.4厘米

白玉，細潔滋潤。器呈長方形，扁平。四周素面邊框，邊角琢磨圓渾光滑。框內鏤空雕刻“玉堂富貴”四字篆文吉語，輔飾纏枝花卉和蝠紋。

明　白玉　螭銜靈芝紋　爐頂

長3.1厘米　寬2.1厘米　高4.3厘米

白玉質，局部杏黃色皮。器呈饅頭形狀。外部高浮雕螭龍銜靈芝紋。技法簡潔粗獷。

明 白玉 匜形 龍把杯

高5.2厘米

白玉溫潤，局部桂花黄沁。仿青銅器匜的造型。口沿外側刻一圈回紋，腹飾弦紋兩道。單把，雕琢成龍的形象。

明　白玉　螭銜靈芝紋　爐頂

長3.1厘米　寬2.1厘米　高4.3厘米

白玉質，局部杏黃色皮。器呈饅頭形狀。外部高浮雕螭龍銜靈芝紋。技法簡潔粗獷。

明　白玉　匜形　龍把杯

高5.2厘米

白玉溫潤，局部桂花黃沁。仿青銅器匜的造型。口沿外側刻一圈回紋，腹飾弦紋兩道。單把，雕琢成龍的形象。

元　青玉　龍首螭紋帶鈎

長11.5厘米　寬3.2厘米　高3.7厘米

青玉質地，受沁嚴重，呈黑褐色和黃褐色。鈎首雕龍頭，圓眼，隆鼻，勾雲紋大眉和葉狀雙耳。鈎身作琵琶形，上高浮雕一條爬行螭虎。螭髮毛飄垂于地，尾作分叉卷雲狀。背部有圓柱狀鈕。

元　白玉　馬上封侯紋如意吉子

長7厘米　寬5.5厘米　厚1.5厘米

白玉質地，局部杏黃色沁。橢圓形，為三鑲白玉如意之首部鑲玉。正面弧突，橢圓形環座上多層透雕馬上封侯紋。雕琢精細，形象生動，寓意美好。

元　白玉　菊花紋　如意吉子

長8.6厘米　寬4.3厘米　厚1.8厘米

白玉質地，局部褐色土沁。橢圓形。為三鑲白玉如意之中部鑲玉。正面隆突，橢圓形環座上三層透雕菊花紋。該菊紋為大麗菊，有牡丹之富貴艷麗，又有菊科之凌寒不凋。象徵舉子們寒窗苦讀而一朝顯貴的美好前程。

元　白玉　鳳首紋　髮簪

長19.5厘米

髮簪，亦稱頭釵。宋時有詞牌名《釵頭鳳》，南宋著名詩人陸游曾填兩曲《釵頭鳳》，膾炙人口。該簪白玉質。圓錐形。簪首鏤空圓雕昂頭棲立的鳳，鳳高冠長尾，羽毛刻劃細膩，神態高貴，寓意美好。

元　白玉　喜鵲銜梅佩

長7.6厘米　寬4.4厘米　厚0.5厘米

白玉泛青。略呈三角形，扁平。雙面皆工，雕琢一隻喜鵲，口銜梅枝。梅紋透雕。喜鵲羽毛刻劃一絲不苟。該題材含喜上眉梢的寓意。

元　白玉　童子　佩件

高7.3厘米　寬4.6厘米　厚1.8厘米

白玉質，泛黃，經火燒，沁色斑駁。圓雕，但琢工欠佳。為認知"火燒玉"的一例標本。

元　白玉　佛像

高4.8厘米　寬2.8厘米　厚0.9厘米

白玉滋潤亮澤。器形扁圓。透雕單面工。佛結跏趺坐于蓮花座上。雙手施禪定印。頭梳高髻，面部豐腴，神情慈悲。着交領寬袖長袍，雙肩披帔帛。

元　白玉　持荷童子

高7.3厘米　寬3.3厘米　厚2.2厘米

白玉滋潤，有綹。童子屈腿并足而立，身體微傾。梳雙髮髻，着衣褲。雙手擎一枝荷花于肩頭。

元 白玉 魚銜荷花佩

長7.5厘米 寬3厘米 厚1.8厘米

白玉質。經火燒受沁，俗稱“火燒玉”。圓雕。魚紋刻劃工細，魚眼管鑽而成，魚尾陰刻，刀法粗獷，為鱖魚的形，嘴銜一枝盛開的荷花。這種魚紋在同時期的青花瓷中也能看到，顯為一種時期裝飾特徵，表示年年有餘。

元　白玉　龍首螭紋　帶鈎

長8.2厘米　1.7厘米　高2.1厘米

白玉質，局部受沁，呈土黃色。鈎雕刻龍頭。鈎身浮雕銜靈芝螭虎。底部有圓柱形鈕。

元 白玉 螭紋爐頂

高4.3厘米

白玉，大部受沁，呈黃褐色和鷄骨白。饅頭形。內蕊素面。外圈透雕雙螭，俗稱“雙螭抱石”紋。雙螭口銜靈芝。底有象鼻眼二對，供鑲嵌之用。

元　白玉　鴛鴦臥荷紋　爐頂

長4.8厘米　寬3厘米　高3.3厘米

白玉，黃褐色沁。以翻卷的荷葉為底座，座下鑽象鼻眼。座上鏤空雕琢銜荷鴛鴦。鴛鴦雌雄偶居不離，民間比作夫婦恩愛，忠貞不渝。爐頂為日常生活用品。有時亦可單獨用作帽頂等隨身裝飾品。

元 黃玉 人物擺件

高3.8厘米 寬1.7厘米 厚1.3厘米

黃玉質，受沁，作赭褐色。圓雕。人物呈坐姿。光頭無鬚，五官刻劃簡潔，表情慈祥。着開襟大衫，袖手而坐。

元　白玉　螭紋　爐頂

高4厘米

白玉，滋潤透明。局部受沁，呈棗皮紅色。圓雕。
內蕊素紋。外面透雕雙螭銜靈芝紋。螭紋曲體。
開叉尾。

元　白玉　胡人馴麒麟紋　帶銙

長7.2厘米　寬5厘米　厚0.6厘米

白玉，受黃褐色沁。扁平長方形。鏤空單面工。
雙層紋飾，底層為花樹紋，主層為一胡人馴一麒麟，
周邊裝飾山石。左右各鑽兩圓孔，以便繫縛。

元　白玉　天鵝穿蓮紋　如意吉子

長9.8厘米　寬5.6厘米　厚1.6厘米

白玉質地。橢圓形，為三鑲白玉如意之中部鑲玉。橢圓形環座上用鏤空透雕技法，多層次表現天鵝穿蓮的題材。蓮池波紋，怒放的荷花，才露尖尖角的荷葉，以及天鵝藏身蓮塘的身肢和驚慌的神態均刻劃得惟妙惟肖。畫面沒有海東青出現，故不宜稱春水紋。

元 青玉 爐頂
高7厘米

元　白玉　花卉紋　片

長6.5厘米　寬5厘米　厚0.5厘米

白玉，致密潤澤，有隔，受杏紅色沁。透雕單面工。為一枝秋葵，枝繁葉茂，鮮花怒放，形象豐滿，玲瓏剔透。

元 青玉 課子圖擺件

長4.6厘米 寬1.8厘米 高4.3厘米

青玉。滋潤。留皮，呈黃褐色斑點狀。圓雕四方桌一張，兩側各坐一老者，一童子。老者長髯飄拂，着大襟長袍，皮色巧雕成外套紋飾，正襟危坐，神情莊重。童子圓臉雙髮髻，面前放一本翻開的書。為典型的古代課子圖，或稱教書育人圖，頗具人文氣息。

元　白玉　花鳥紋　髮簪

長17.2厘米

髮簪乃古人綰髮或固冠于髮的用具，先秦時稱笄，漢以後稱簪。該器白玉質。圓錐形，上粗下細。簪首鏤空透雕花鳥紋，鳥棲花枝，玲瓏剔透，形神兼備。

元 白玉 春水紋 如意吉子

長8.6厘米 寬6.7厘米 厚2厘米

白玉，有飯糁，局部受沁呈褐色。長方形圓角。為三鑲玉如意之首部鑲玉。正面圓拱，多層透雕春水紋。春水題材始于遼金，為海東青捕天鵝，天鵝躲身于蓮池之中。該畫面蓮葉荷花繁密，天鵝藏身于其中，驚慌失態，而海東青在畫面之外。

元　瑪瑙　鷺采蓮紋　爐頂

高4.4厘米

瑪瑙材質，包漿明亮。扁橢圓形底座。座上透雕夏日荷塘，荷葉如傘，覆于爐頂。鷺鳥則巡逡在茂密的荷葉中，或棲息，或覓食，寧靜自然。

元　青玉　如意雲紋　爐頂

通高9厘米

青玉，有隔，受沁蝕，呈鷄骨白和鐵銹色。略呈圓柱形。圓雕如意雲紋。底部有榫頭，便于爐身卯接。

元　白玉　雲龍紋　爐頂

長4.7厘米　寬3.1厘米　高4.8厘米

白玉，有飯糁。圓柱狀。多層透雕雲龍紋。龍張嘴露齒，卷雲狀鼻，鹿角形角，腦後毛髮呈三股飄揚，斜方格紋龍鱗，腿上有毛。五爪。龍昂首盤曲。四周祥雲流動。爐頂，即香爐蓋之鈕。玉爐頂宋元時常見，往往鏤空多層透雕，玲瓏剔透。

元　白玉　萱草花紋　帶扣

長4厘米　寬2.7厘米　厚1.2厘米

白玉，滿器受沁，局部沁色欠自然，疑為火燒。長方形，邊框琢成海棠花形，減地。框內鏤空雕萱草花紋。背面雕琢兩圓鈕。舊俗以為給懷孕的婦女佩戴萱花可以生男，故萱草也稱宜男。

元　青白玉　雲龍戲珠紋　如意吉子

長11.5厘米　寬9.3厘米　厚2.2厘米

青白玉質地。局部褐色沁。橢圓形。為三鑲玉如意之首部鑲玉。正面弧狀隆起。橢圓形環座上雕刻如意雲紋。中間三層透雕戲珠降龍。龍細頸，毛髮上揚，飾斜方格紋龍鱗，火球繞有火焰紋。

元　青玉　螭紋　帶銙

長5.2厘米　寬4.5厘米　厚0.8厘米

青玉質，近一半受赭黃色沁。近似長方形，四角作海棠式，留邊減地，托出一浮雕螭虎。兩前腿呈舉手投降狀，尾分叉，一股稍短，一股則長繞。整個造型為匍匐爬行，為元代螭虎形象。

元　白玉　鵝銜桃枝紋擺件

長5.7厘米　寬2.1厘米　高5.8厘米

白玉，有隔，受沁嚴重，呈黃褐色和黑膏藥脂色。鏤空圓雕。鵝曲腿半蹲，曲頸回首，口銜桃枝。雕刻細膩真實。鵝，因王羲之愛鵝之典故，賦予人文意義；桃，則是長壽、仁者的象徵物。

元　青白玉　福壽紋　如意吉子

長6.8厘米　寬6厘米　厚1.2厘米

青白玉，局部留黃褐色皮，為巧雕之作。橢圓形，為三鑲玉如意之首部鑲玉。多層透雕壽桃和蝙蝠紋，紅褐色、黃褐色留皮處用以裝飾壽桃和蝙蝠，恰到好處，巧奪天工。

元　白玉　鶴紋　爐頂

長2.9厘米　寬2.3厘米　高4厘米

白玉，局部受沁呈虎黃色。底座呈圓餅形。上透雕鶴紋，長啄飛羽，作曲腿棲息狀。

元 青白玉 獸鈕 印

長3.5厘米 寬3.5厘米 高5.8厘米

青白玉，受黃色沁。印身呈方柱體。鈕圓雕一瑞獸。

元　白玉　龍首雲紋　帶鈎

長7.2厘米　寬3.5厘米　高1.6厘米

白玉泛青。鈎為螭龍首形。鈎身呈螳螂肚形，上刻勾連雲紋。底有橢圓形鈕。

元 白玉 春水紋 如意吉子

長9.2厘米 寬4.5厘米 厚1.8厘米

白玉質，微泛青，局部鐵銹色沁。委角長方形，為三鑲玉如意之中部鑲玉。正面弧突，透雕荷塘天鵝紋。荷塘內蓮花怒放，荷葉如蓋，隨風翻卷。荷花蓮葉下躲着一隻天鵝，屏息靜氣之態畢現。顯然，畫外有一隻海東青正在巡獵。

宋 青玉 虎鈕 印

長2.9厘米 寬2.6厘米 通高4.3厘米

青玉質。有隔。有多重沁色，呈黑褐色、赭黃色等。長方形。鈕作伏虎形，刀法粗獷簡練。虎腹下鑽一圓孔，便于繫縛。

宋　白玉　素紋　帶環

長4.1厘米　寬2.3厘米　厚1.2厘米

白玉質，入土較久，普遍受沁，呈黃褐色和鐵銹色。長方形，側面有橫貫矩形孔，用于穿腰帶。下面有環，用于繫物。帶環，亦稱提攜忠孝佩，是帶銙的別形，因銙下有一環，供繫物，故稱。

宋 白玉 鴨

長6.3厘米 寬3.5厘米 高1.8厘米

白玉，局部受沁，呈黃褐色和褐色。包漿沉穩明亮。圓雕，邊綫圓渾。鴨作扭頭而眠狀。尖吻，鵝突，背圓拱，身體肥壯。陰綫刻劃翅翼和羽毛。雙脚虛空，恰好表達出鴨子在水中棲息的真情實景。脖彎處鑽圓孔，用于佩挂。

宋 白玉 鹿鶴紋 佩

長4.7厘米 寬3.6厘米 厚0.5厘米

白玉，有綹，受沁，呈赭褐色。扁圓形。透雕雙面工。畫面以花草樹木為背景，雕琢鹿一頭，鶴一隻，題材類似遼金時期的秋山紋。首部鏤空飾朵花。

宋　青白玉　獅子戲球

通高12厘米　長20厘米

青白玉質，受沁後呈灑金黄。張嘴露舌，管鑽圓眼，豎耳卷髮，頸部置一鈴鐺，四足粗壯，渾健有力，一足踩綉球，素身脊骨隆起，尾內卷。此器立體圓雕，注重整體造型，比例準確，恰當的藝術誇張，把獅子塑造得惟妙惟肖，威武雄壯，驕横霸氣。這種擬人化動物的造型頗具典型的宋代風格。

宋 白玉 鷄

長5.3厘米 寬2.1厘米 高5厘米

白玉，有綹，受赭褐色沁。圓雕。鷄伏地而息。頭部昂起，鷄冠高聳，為公鷄形象。雕刻簡練，打磨細致。鷄、吉諧音，寓意吉祥。

宋 青玉 動物件

長8厘米

宋 白玉 龍紋 佩

長5厘米 寬3.7厘米 厚0.5厘米

白玉質，有綹，受沁蝕，呈赭紅色。扁平圓形，透雕雙面工。畫面主題為盤曲的升龍。毛髮前衝上揚，用陰刻網格紋表示龍鱗，餘則簡意欠工。間飾纏枝花草紋。首部鏤空雕琢穿帶錢紋。

宋 青玉 馬

長7.6厘米 寬2.1厘米 高2.8厘米

青玉滋潤，局部留皮，呈杏紅色。隨形圓雕。馬呈埋伏狀，體格強健，神情警覺，鬃毛刻畫也一絲不苟，為青玉圓雕佳作。

宋 白玉 童子

長4.6厘米 寬4厘米 高2.1厘米

白玉，質地致密溫潤。留有幾處杏紅色皮子。圓雕。邊緣碾磨光滑。童子取支頤斜坐姿。頭頂梳單髮髻。五官刻劃工細。一付笑口常開的憨態。寬身大肚，衣紋刻畫寫實流暢。童子形象極類彌勒菩薩的造型，體現宋人體察入微的寫生功夫。

宋　白玉　龍首螭紋　帶鈎

長12.8厘米

白玉，受膏藥沁。鈎為龍首。鈎身呈螳螂肚形，尾部上卷。浮雕螭龍。兩側刻勾連雲紋。底有橢圓形鈕。

宋　白玉　鳳紋　帶鈎

長9.2厘米　寬1.3厘米　高2.1厘米

白玉滋潤。鈎琢成鳳頭，鈎身似螳螂肚，刻飾鳳凰的羽毛，底置橢圓形鈕。整個鈎若一隻回首棲息的鳳凰，頗具匠心。

宋　白玉　龍首螭紋　帶鈎

長9.8厘米　寬2.3厘米　厚2.1厘米

白玉，局部受沁，呈桂花黃色。鈎琢成龍首形。
鈎身螳螂肚狀，上陰綫刻飾螭紋。底部有橢圓形鈕。

宋　白玉　三元鈕　印

長3.3厘米　寬1厘米　高4厘米

白玉，滋潤晶瑩。扁長方形。鈕鏤空圓雕三個相聯的圓環。該器玉質潤澤，琢磨精細，三聯環，寓意連中三元，為文房佳品。

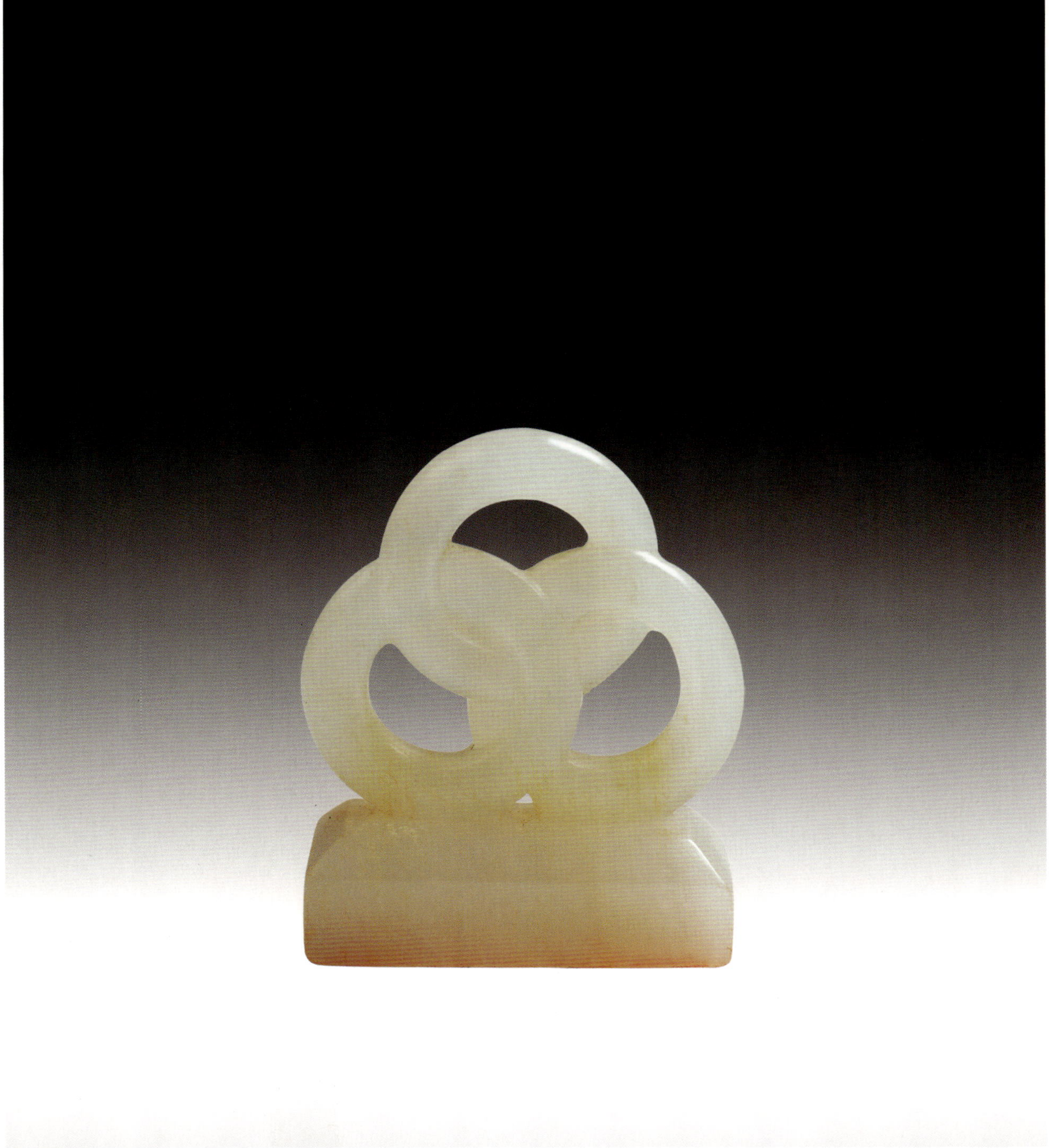

宋　青白玉　麒麟鈕 印

長3厘米　寬2.8厘米　高4.7厘米

青白玉，有飯糁。多隔，受沁，呈青褐色。印身扁方柱體。鈕高大，圓雕一蹲伏麒麟，前軀昂仰，頭微俯，有雙角，頸背有鬃毛，雄健威猛。

宋 白玉 瑞獸

長5.3厘米 寬2.7厘米 高2.6厘米

白玉質，滿器受沁蝕，呈黑褐色和赭黃色。隨形圓雕。瑞獸呈臥伏狀。刀法簡煉，打磨精細，包漿沉穩。

宋　白玉　持荷臥童

長6.8厘米　寬3.1厘米　厚1.4厘米

白玉質，做黄褐色沁。圓雕。童子作臥伏狀，赤身裸體，僅着綉花肚兜，手戴鐲，梳雙髮髻。雙手持荷，荷葉荷花覆于背部。

宋　白玉　雙龍紋鐲

長5.2厘米　寬4.3厘米　厚1.3厘米

白玉質，有綹，局部受糖色沁，俗稱“糖玉”。
整器略呈橢圓形，中孔圓渾。上下隨形雕琢兩龍首，
兩龍似追逐首尾相嬉。

宋　青玉　螭紋　扳指

高2厘米　直徑3.2厘米　厚0.8厘米

青玉質，局部有皮，呈黑漆古，為留皮巧雕之作。矮圓筒形，上端口沿圓渾。下端平直。留皮處減地琢出長方形面，上浮雕一螭。

宋 青玉 劍璏

長5.9厘米 寬2.5厘米 厚1.5厘米

青玉質地，泛黃色，黃褐色土沁，局部赭紅色。長方形，兩端下垂內卷，一側有長方形貫孔。該器素面無紋，純以天然材質為工，包漿沉靜，匠心獨具。

宋　白玉　持荷童子

高6.3厘米　寬3.8厘米　厚2厘米

白玉，受鐵銹色沁。童子作交腿步行狀。大圓臉，五官刻劃簡潔，無髮髻。穿緊袖衣褲。雙手持荷，荷枝繞過腦後。

宋　白玉　獸面雲紋　劍璏

長8.3厘米　寬2.9厘米　高1.1厘米

白玉，質地溫潤，包漿沉穩。長方形，兩端下垂內卷。底面一側為長方形穿孔。面壓地雕刻獸面紋和勾連雲紋。紋飾具宋代特徵，為當時擬古之作。

宋 白玉 鳳

長7.2米 寬2.3厘米 0.7厘米

白玉，局部受金黃色沁。扁平長條形。雙面有紋飾。
整器雕刻成一鳳。

宋　白玉　雲紋圭形璧

長8.3厘米　寬4.1厘米　厚0.9厘米

白玉，受鐵銹色沁。整器呈圭形。中間為圓形璧，面上飾如意雲紋，下部鏤空，飾福壽紋。頂部亦鏤空，飾兩條相對的蟠龍。

宋　青玉　童子佩

高3.4厘米　寬1.6厘米　厚1.4厘米

青玉，因長期入土受沁，普遍呈黄褐色和鷄骨白。立體圓雕。面部五官和衣紋俱用陰綫刻劃，刀法簡練明快，有“漢八刀”之遺韵。

宋　岫岩玉　龜形　印

長4厘米　寬3厘米　高1.6厘米

岫岩玉質，有隔，受沁嚴重，呈紅褐色和黑褐色。整器呈伏龜形，背部刻六角龜背紋。龜首虛寫，鑽象鼻穿孔，便于穿繫，亦象徵龜眼。該印古樸渾厚，工寫結合，為宋印佳構。

宋　青玉　螭紋　璧

直徑7.3厘米　厚1.3厘米

青玉質，局部受沁，呈糖色。璧圓形，肉偏大，好偏小。正面浮雕螭龍一條，刀法簡潔。地子琢磨平整。

宋　白玉　龍首回紋　帶鈎

長7.5厘米　寬1.6厘米　高2厘米

白玉，細膩溫潤。鈎作龍首，突眼隆鼻，雙角。鈎身雙立邊。面圓弧光素，呈螳螂肚狀。兩側立面陰綫連續回紋，綫條短促簡括。底部有橢圓形鈕。

宋　白玉　獸面雲紋　劍璏

長10厘米　寬2.5厘米　高1.5厘米

白玉質，純潔溫潤。長方形，兩端下垂內卷。底面一側有長方形貫孔，另一側有圓柱狀鈕。面減地淺浮雕獸面雲紋。其紋飾體現有宋一代的時代特徵，為當時仿漢玉形製之作。

宋　白玉　鳳首帶鈎

長11.5厘米　寬1.5厘米　高1.8厘米

白玉，潔白溫潤。鈎作鳳首，勾喙高冠，羽後揚。鈎身圓渾弧隆，光潤無紋，尾部上卷。底部有橢圓形鈕。

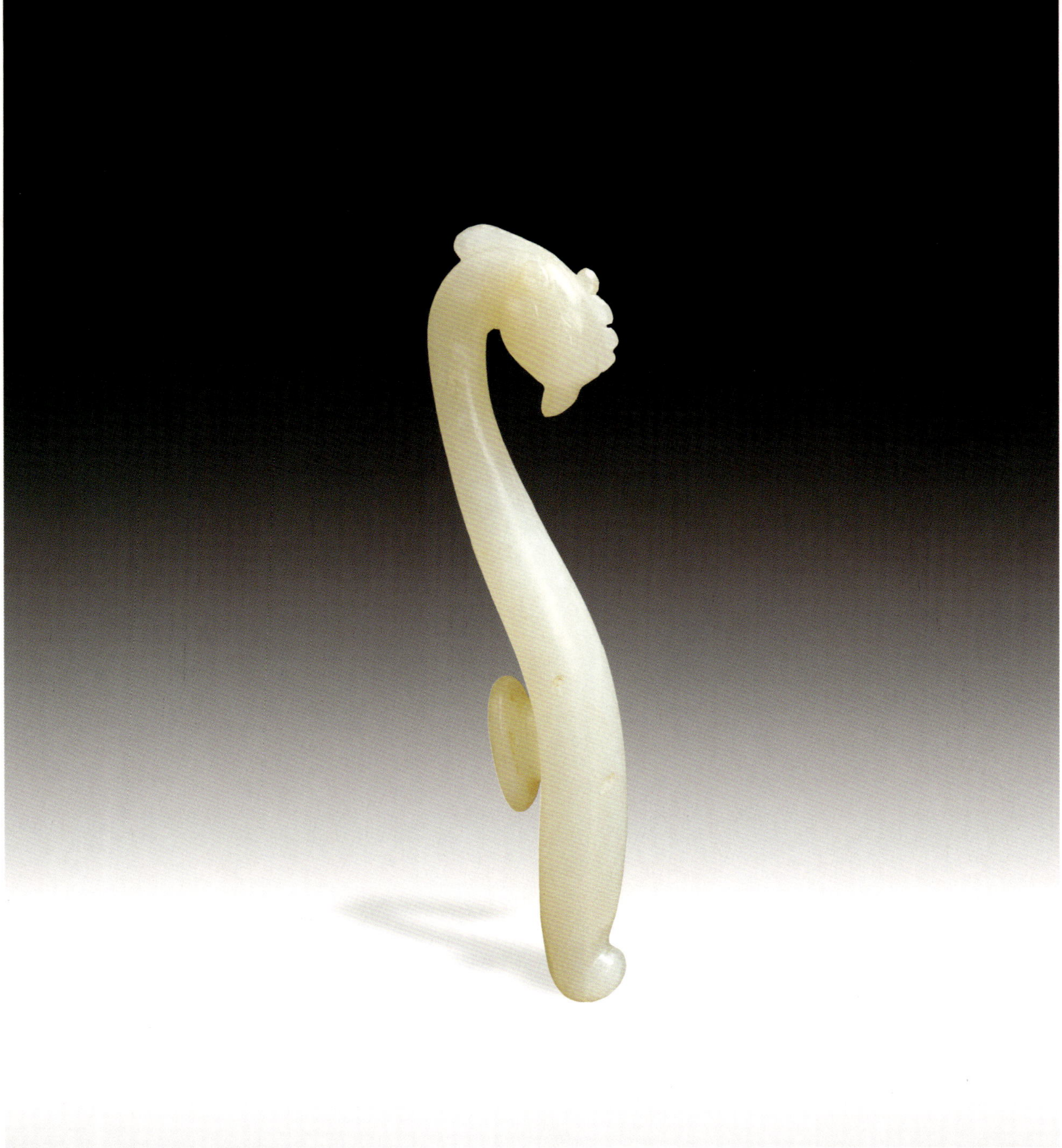

宋　白玉　鳳首紋　髮簪

長18.5厘米

簪為古代貴族婦女重要首飾之一。越劇《碧玉簪》風靡江南，婦孺皆知。該簪白玉質，潔白細膩，圓錐形。簪首透雕鳳紋。鳳高冠長尾，口銜牡丹花枝，棲立簪首，端莊嫻靜。鳳乃百鳥之王。望女成鳳，則是對女性高貴前程的最高祝願和期盼。

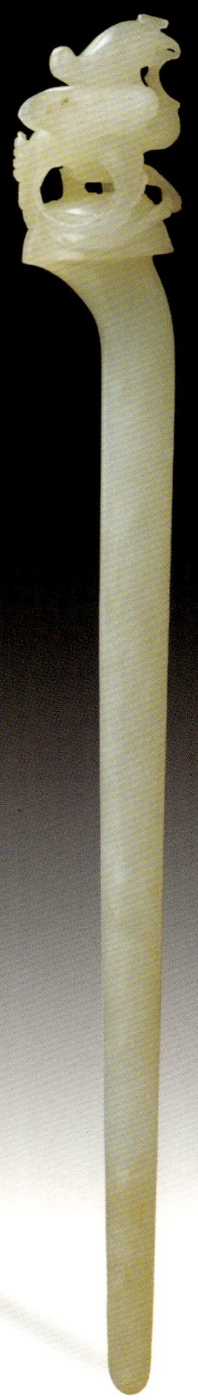

宋　白玉　龍首雲紋帶鈎

長10.2厘米　寬1.8厘米　高1.7厘米

白玉，細潔溫潤。鈎作龍首形，額與腮裝飾雲雷紋。形製典雅。鈎身呈長方形，弧形隆起，棱角分明，綫條流暢。正面飾勾連雲紋，兩側淺刻回紋。底部置方形鈕。

宋　白玉　鵝頭帶鈎

長5.7厘米　寬0.8厘米　高1厘米

白玉，細膩滋潤，局部留杏黃色皮子。鈎雕琢成天鵝的頭，長嘴微張。鈎身呈螳螂肚形，尾部下塌，光素無紋，拋光明亮。底部有橢圓形鈕。

宋　白玉　威震四方環

直徑4.2厘米　厚0.5厘米

白玉質，受糖色沁，俗稱“糖玉”。扁圓形。肉好若一，故謂之環。環面陰綫雕刻四螭紋。四螭纏繞交結，布局對稱。螭首似貓頭，身肢卷曲。這種四螭交結的紋飾，含威震四方之意。

宋 青玉 螭龍紋 劍首

直徑4.8厘米 厚1.5厘米

青玉質地，受土沁，局部呈鐵銹色。扁圓體。正面圓拱，淺浮雕螭龍紋。螭龍前額高凸，天庭飽滿，五官集中于面前部，分叉細長尾，一陰刻綫從肩隨形貫通于尾端。此器為宋代擬古劍首。

宋　白玉　威震四方環

直徑4.2厘米　厚0.5厘米

白玉質，受糖色沁，俗稱"糖玉"。扁圓形。肉好若一，故謂之環。環面陰綫雕刻四螭紋。四螭纏繞交結，布局對稱。螭首似貓頭，身肢卷曲。這種四螭交結的紋飾，含威震四方之意。

宋 青玉 螭龍紋 劍首

直徑4.8厘米 厚1.5厘米

青玉質地，受土沁，局部呈鐵銹色。扁圓體。正面圓拱，淺浮雕螭龍紋。螭龍前額高凸，天庭飽滿，五官集中于面前部，分叉細長尾，一陰刻綫從肩隨形貫通于尾端。此器為宋代擬古劍首。

宋　白玉　瑞獸

長8.6厘米　寬5.4厘米　高5.8厘米

白玉質，微泛青。有隔，受沁，呈赭黃色和灰褐色。圓雕。動物形象似獅子，有角，尾部三分叉。嘴部平直。為瑞獸佩挂件。

宋　青玉　八角花卉紋　筆筒

直徑4.8厘米　高10厘米

青玉，有飯糁，有隔，受黑褐色沁。筆筒作八角八方形。口平沿，深直腹，臥足。外腹壁分別用陰刻單弦綫勾出八個相同的長方形開框。框內用陰刻技法分別雕琢荷花、牡丹、秋葵等八種不同的花卉，象徵一年四季，青春常在。

宋 青玉 龜鈕 印

高3.1厘米 寬2.6厘米

青玉質，細膩致密，局部受赭褐色沁。身作方柱形。鈕作伏龜形。背脊為二條凸弦紋，刻六角形龜紋。腹下橫鑽圓孔。不僅玉質上乘，雕刻亦工，拋光好，有玻璃光澤。

宋　白玉　持荷臥童 佩

長5.5厘米　寬2.2厘米　高3.2厘米

白玉，潤澤。立體圓雕。童子臥伏，頭微仰。梳雙髻，五官刻劃欠工細。右手執荷，覆于背，有蓮蓬和巨大的荷葉，手法誇張。

宋　黄玉　持荷童子

高5.2厘米　寬2.5厘米　厚1.4厘米

黄玉質，局部留皮，呈棗皮紅。近圓柱形。圓雕。
童子呈交腿而立狀。雙手持荷于背後。

宋　白玉　太平有象擺件

長3.5厘米　寬1.9厘米　高3.2厘米

白玉，受黃褐色沁。用一塊和田仔料，隨形設計，圓雕而成。大象厚背長鼻，低眉順眼，芭蕉葉耳，下身依形內斂。表達太平安分的寓意。

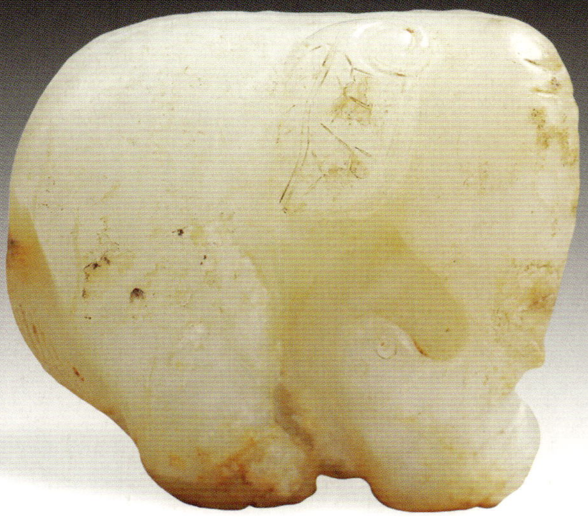

宋　白玉　立像
高5厘米

宋　青玉　獸鈕　印

長2.6厘米　寬2.3厘米　高4.3厘米

青玉泛黃，鈕部經火燒，呈黑漆古色，印身呈方柱體。鈕圓雕一獸，盤身臥伏。頭微昂回顧，尾長而卷曲。獨角，脊隆起。該器原始樸茂，古意盎然。

宋 白玉 勾連雲紋 璧

長5厘米 寬2.5厘米 厚0.3厘米

白玉，普遍受沁呈黃色和黑褐色。璧扁平，橢圓形，中孔亦琢成橢圓形，故可稱异形璧。璧面雕刻勾連雲紋，技法粗獷。

宋　青玉　琮

直徑4.3厘米　高5.2厘米

青玉質，滿器受沁，呈紅糖色和栗殼色。器形較矮，
光素無紋。邊角棱綫打磨圓潤。

宋 白玉 持荷童子佩

長6厘米 寬3厘米 高3.6厘米

白玉質地，因入土較久，大部受沁，呈酒金黄色。圓雕。童子作俯身爬伏狀。彎眉細眼，頭頂一撮髮。素體赤足，手脚均有鐲。雙腿曲膝踞地，雙手合抱握荷枝，荷花置背部，并觸及後腦。

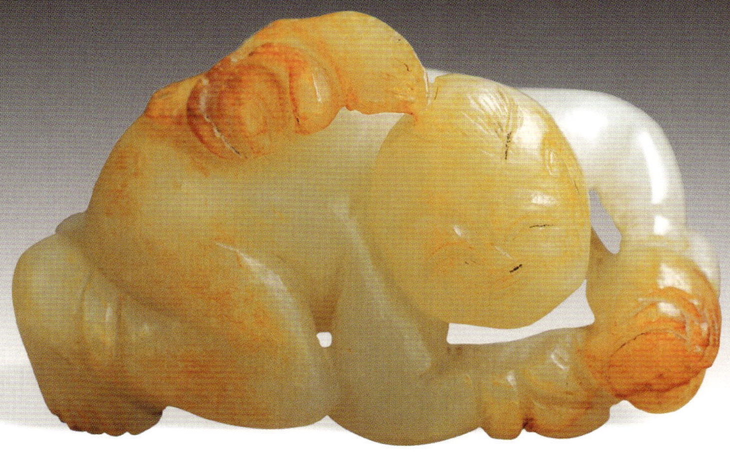

宋　白玉　九龍璜

長10厘米　寬4.1厘米　厚0.4厘米

宋　白玉　瑞獸紋　爐頂

長4.2厘米　寬3.7厘米　高5.2厘米

白玉，受沁，呈赭黃色。圓雕。獸作蹲伏狀。獸頭刻劃工細，雙眼圓突，隆鼻，張嘴露齒。各用兩條陰刻綫表示胡鬚。頭髮後披上卷。獸身雕琢則簡意，陰綫飾卷雲紋，刀法簡潔。

宋 青玉 雲紋 璧

直徑6.3厘米 厚0.8厘米

青玉質，滋潤亮澤，局部受沁，呈桂花黃。扁圓形，內外輪廓打磨拋光，圓渾光滑。雙面刻飾勾連雲紋，包漿雅美。

宋 青玉 琮

高11.3厘米 寬6.5厘米

青玉溫潤。滿器受沁，呈栗殼色斑點狀，局部黑漆色斑點。器形規整挺拔。內圓孔較大。外方四角為委角。素面無紋，打磨精細，邊綫棱角圓渾光滑。

宋　青玉　如意綬帶紋　璧

直徑6.2厘米　厚0.5厘米

青玉質，過半呈黃色沁。扁圓形，形製規整。內外緣起邊。正面刻飾如意綬帶紋。寓意傳帶萬代如意。

宋 青玉 螭紋璧

直徑6厘米 厚1.2厘米

青玉質。整體受沁蝕。蝕斑呈土黃色，黑褐色沁。
扁圓形。正面浮雕一條盤曲的螭龍。

宋 白玉 鳳鳥

長8.5厘米 寬2.6厘米 高3.5厘米

白玉，細潔溫潤。局部留皮，呈桂花黃色。土沁欠自然。用玉圓雕鳥、獸等動物形象，早在良渚文化時期便流行，且工藝卓絕。該鳳鳥用一塊和田仔料圓雕而成。局部鏤空，刻劃簡練，造型豐滿生動。

宋 青玉 鐲

直徑8.6厘米 厚1.2厘米

青玉質地。經人工火燒作沁，色彩斑駁，不自然。

宋 青玉 螭紋 印

長3.3厘米 寬2.3厘米 高3.9厘米

青玉，大部受沁，呈紅褐色。呈方柱形。印首自然圓隆，隨形刻兩條螭紋。上部橫穿孔，作扁三角形。該印渾厚樸茂，包漿沉着，饒有古意。

宋　青玉　牛氣衝天紋璧

長9.5厘米　寬8厘米　厚0.7厘米

青玉質，有隔，沁蝕深重，色澤斑駁。璧呈橢圓形。正面上方刻飾祥雲托日紋，下面刻飾水波紋，岸邊棲息一牛，昂首向天，寄托風調雨順、牛氣衝天的願望。

宋　白玉　如意綬帶蒲紋璧

直徑7.8厘米　厚1.1厘米

白玉質，近半受沁，呈赭黃色。扁圓形，中圓孔。內外緣起邊。背面刻飾蒲紋。正面琢刻綫條流暢的如意綬帶紋，綬帶兩端似牽牛花形。綬帶如意結合為吉祥圖案，意為傳帶萬代如意。

宋　白玉　螭紋璧

直徑5.7厘米　厚1厘米

白玉質地，受土沁和人工火燒。故局部呈黑色和赫黃色沁。扁圓形。正面邊緣刻弦紋一周。浮雕螭龍一條，前軀壯碩，四肢強健，尾部細小卷曲。

宋　白玉　素紋璧

直徑6.7厘米　厚0.4厘米

白玉質，留皮，桂花黃呈星狀分布。扁平圓形。除內外緣刻兩道弦紋外，光素無紋，洗盡鉛華，展示材色之自然、美好。

宋　白玉　雙螭紋　出廓璧

長7.8厘米　寬6.8厘米　厚0.8厘米

白玉，受沁嚴重，呈赭紅色和黃褐色。璧素面，肉好相當。廓外透雕首尾相結的兩條螭龍，嘴巴分別銜住璧緣。

宋　黄玉　瑞獸

長3厘米　寬4.2厘米　高2.5厘米

黄玉質，經火燒沁蝕，色彩斑駁。

宋 白玉 馬

長6.3厘米 寬1.7厘米 高3厘米

白玉，質地細膩溫潤。局部受沁，呈黃褐色。用整塊和田仔料圓雕而成。馬臥狀，體格毛尾均精雕細琢，將馬的健壯和溫馴準確地刻劃出來，背中間鑽一孔，可穿繫佩挂。

宋　白玉　花鳥紋　頭釵

長9厘米　寬3.1厘米　厚0.2厘米

白玉，受土沁鈣化，呈雞骨白。兩片形製規格一樣。扁平長方形。透雕單面工。畫面為鳥棲花枝。這樣的玉片與金銀等鑲嵌緊縛在一起使用。題材吉祥，金玉富貴，為古代貴族婦女常用的裝飾品。

宋　白玉　戴笠童子

高5厘米　寬3厘米　厚2.1厘米

白玉，受沁，大部呈桂花黃色，局部呈美人髻黑。圓雕。童子一足着地，一足提舉，作跨步前行姿。着短袖衫、短褲，背負斗笠，綫條簡潔，生活氣息濃郁。“君乘車，我戴笠，他日相逢下車揖；君担凳，我跨馬，他日相逢為君下。”戴笠童子有友誼長存，富貴不相忘之意。

宋 青玉 覆瓦鈕 印

長2.7厘米 寬2.5厘米 高4厘米

青玉質，有隔，受沁嚴重，呈陳墨黑色。印身作覆方斗狀。鈕部則雕琢成覆瓦狀。形製古雅，沁色沉着。

宋　青玉　拖瓶童子

高9.4厘米　寬5厘米　厚3.5厘米

青玉質，局部受沁，呈黃褐色。圓雕。童子作蹲踞狀，雙手抱一長筒瓶。頭挽雙髻，身着大襟外套，足蹬靴子。刀法簡練而神情畢備。

宋 白玉 瑞獸 佩

長3.5厘米 寬2.5厘米 高3厘米

白玉質，有飯糁。受沁，大部呈赭黄色。立體圓雕。瑞獸作蹲伏狀。大嘴，鼓突眼，獨角。形製古拙，刀法粗獷。

宋　青玉　抱瓶童子

高9.4厘米　寬5厘米　厚3.5厘米

青玉質，局部受沁，呈黃褐色。圓雕。童子作蹲踞狀，雙手抱一長筒瓶。頭挽雙髻，身着大襟外套，足蹬靴子。刀法簡練而神情畢備。

宋 白玉 瑞獸 佩

長3.5厘米 寬2.5厘米 高3厘米

白玉質，有飯糝。受沁，大部呈赭黃色。立體圓雕。瑞獸作蹲伏狀。大嘴，鼓突眼，獨角。形製古拙，刀法粗獷。

唐　青玉　靈芝紋　髮冠

長11.7厘米　寬6.2厘米　厚1.2厘米

青玉質，經土沁和火燒，普遍呈紅褐色和黑褐色。扁平葉狀。單面透雕纏枝靈芝紋。為古代婦女戴于髮髻上的貫髮用具。

唐　白玉　龍首穀紋　帶鈎

長8.6厘米　寬1.7厘米　厚1.5厘米

白玉，有綹，受沁，局部呈紅褐色和赭黃色。鈎雕琢成龍首，善用減地浮雕，形製古雅，包漿沉穩。鈎身弧隆，尾部下塌，飾穀紋。底部為橢圓形鈕。

唐 白玉 螭龍

長5.7厘米 寬5厘米 厚0.7厘米

白玉質，大面積沁蝕。造型奇特，螭龍伏首屈身，而圓睜的雙目和強勁的肢爪把螭龍的威猛刻劃得淋漓盡致。

唐　白玉　龍首螭紋　帶鈎

長11厘米　寬1.8厘米　高2.2厘米

白玉質，留皮，呈棗皮紅。局部有蝕孔。鈎作龍首。鈎身呈長方形，角綫圓渾，尾端上卷。鈎身淺浮雕螭銜靈芝紋。

唐　白玉　竹節紋　環

直徑4.8厘米　厚1.4厘米

白玉溫潤。受沁重，呈赭色、黃褐色。又受土蝕，局部有鈣化的“蝕斑”。圓形。整器雕琢成七節相連的竹節，象生生動。加以碾磨精細，包漿完好，為唐玉精品。

漢 青玉 龍紋 佩

長8厘米 寬4.5厘米 厚0.8厘米

青玉質，滿器受沁，呈褐色。扁平樹葉狀。透雕雙面工。整器雕琢龍紋。

漢 白玉 螭鈕 印

長2.3厘米 寬2厘米 高3.8厘米

白玉質。普遍受赭黃色沁，有黃玉的視覺效果。印身呈矮方柱體。鈕部圓雕，整體呈柿子狀，首端琢刻螭首紋。該印鈕部造型獨特，紋飾簡潔，包漿沉穩明亮，具漢代風範。

漢　黃玉　三螭紋環

直徑5厘米　厚11厘米

黃玉質，受沁蝕，有隔，局部呈黑褐色和黃褐色。扁圓形，肉與好相當，形製規範。正面浮雕三螭紋，紋飾典雅。為典型漢代玉環。

漢 青玉 璧

直徑6厘米 厚0.8厘米

漢　白玉　獸面雲紋　劍璏

長11厘米　寬3.1厘米　高1.8厘米

白玉，赭色沁，濃處呈鐵銹沁。長方形，兩側長伸下垂。孔為長方形，偏于一側。面雕刻獸面雲紋，為漢代劍璏最流行的紋飾。

漢　青玉　獸面雲紋　劍璏

長10.8厘米　寬2.2厘米　厚1.7厘米

青玉質地，近三分之二受醬色沁。長方形，兩端下垂內卷，一側有長方形貫孔。器面飾獸面勾連雲紋。雲紋長而不瘦，雲頭有開口。該器紋飾減地淺浮雕，表現手法清晰，勾弧曲圓，是漢代典型器。

漢　青玉　螭紋　劍璏

長6厘米　寬2.6厘米　厚2.1厘米

青玉，有隔。受石灰沁，呈灰白色。長方形體，立邊。中穿長方形貫孔。器面浮雕曲體對望的螭龍兩條。

漢　白玉　獸面雲紋　劍璏

長10厘米　寬2.8厘米　厚1.2厘米

白玉質地，泛粉皮青色，近二分之一受醬色沁和鷄骨白沁。長方形，兩頭下垂內卷。底部一側有長方形貫孔。器面飾獸面雲紋。雲紋為勾連雲紋，長而不瘦，雲頭一端有開口，刀法清晰，勾弧圓曲，為漢代典型器。

漢 青玉 瑞獸形硯滴

長10厘米 寬3厘米 高3.8厘米

青玉質。受土蝕，局部鈣化，有星狀蝕點。沁呈土黃色，隨形圓雕。瑞獸呈趴伏狀，有雙角，頭微仰，雕琢精細。中空，背尾各鑽一圓孔，為文房用品。

漢　白玉　七梁髮冠

長5厘米　寬3.2厘米　高3.9厘米

白玉，滿器受沁，呈赭黃色和鷄骨白。略呈長方形。上部拱起，突出七梁，梁面內凹。兩側作卷雲狀，下各穿一孔，可用于插簪。其形製仿春秋時之皮弁。皮弁為天子及諸侯在正式場合所戴之冠，用白皮製作。

漢　白玉　馬首雙脊帶鈎

長3厘米　寬1.4厘米　厚2.3厘米

白玉質，滿器受沁蝕，色澤斑駁，局部鈣化。鈎呈馬頭形，簡潔寫意。鈎身長方形圓弧，尾部下塌。面上琢出兩條脊棱。整器兩側立面平直，底部鑿鈕亦呈長方形。

漢 白玉 獸面穀紋 劍璏

長10厘米 寬2.3厘米 厚1.1厘米

白玉質，受沁蝕嚴重，一半呈土黃色，另一半呈鐵銹色。長方形，兩端長伸下垂內卷。底部偏一側琢長方形孔，面部飾獸面穀紋。穀紋飽滿圓潤。

漢 白玉 螭紋 劍璏

長9.6厘米 寬2.2厘米 厚1.5厘米

白玉質。泛黃，大面積受沁，沁色呈黃褐色和鷄骨白。長方形，兩端下垂內卷。底面一側有長方形穿孔。面浮雕大小螭龍各一條。雕刻精細，情態生動，土沁自然，為典型漢代劍璏。

漢 白玉 弦紋 劍璏

長8.2厘米 寬2.2厘米 厚1厘米

白玉質，土沁嚴重，呈黃褐色。長方形，兩端下垂內卷。底面一側有長方形貫孔。面部壓地飾弦紋四條，剛勁挺直，拋光亮澤，凸現白玉材質之美和琢工之佳。

漢 白玉 螭紋 劍璏

長6.6厘米 寬2.5厘米 厚1.1厘米

白玉質，受沁蝕，普遍泛黃，材質欠佳。長方形，兩側長伸下垂。下琢長方形孔，偏于一側。面淺浮雕螭紋，刀法粗獷。

漢　青玉　勾連雲紋　劍璏

長5.7厘米　寬4厘米　厚1.2厘米

青玉質地，蘗膏脂，滿器受沁，呈褐色和鷄骨白。長方拱形，中穿孔，上厚下薄。兩側平齊，立邊。面上減地刻飾兩組勾連雲紋，中間用繩形脊棱分隔。

漢　青玉　螭紋　劍璏

長6厘米　寬2.2厘米

青玉質地，大面積鷄骨白沁和土黃色沁。長方形，菱形斷面，局部受損。中脊綫較突，鑽橢圓孔。螭紋高浮雕。回首曲體，尖爪前伸，長尾分叉卷曲，身尾分界明顯。為典型的漢代遺物。

漢　白玉　螭首靈芝紋帶鈎

長7.6厘米　寬3.9厘米　厚2厘米

白玉質地，致密溫潤，局部黃褐色沁。立柱形。鈎首作螭紋，圓眼隆鼻，壽桃形立耳，二角彎曲後仰。鈎身較短，鈎尾粗壯，減地浮雕靈芝紋和勾連雲紋。該器玉質精良，形製獨特，琢工上乘，為帶鈎精品。

漢　黃玉　覆斗鈕　印

高4厘米　長2.5厘米　寬2.2厘米

黃玉質，受赭紅色沁。扁正方形。鈕作四方覆斗形，對穿雙圓孔，便于繫挂。印章是一種表示權力和憑信的用具。該印為私人印信。

漢　白玉　素紋　劍珌

高4.7厘米　長6厘米　寬4.2厘米

白玉微青，有隔，受沁蝕，呈灰黃色和鷄骨白。上窄下寬，略近梯形。頂部平整，鑽有一圓孔。兩側斜直，角圓潤。下底面中間平陷，兩頭成弧形翹起。器形中厚邊薄，成弧形拱起。兩面光素無紋，造型厚實，漢代風格鮮明。

漢　白玉　龍首雲紋　帶鈎

長10厘米　寬1.7厘米　厚1.8厘米

白玉質，受灰白沁和黃褐色沁。鈎首為龍頭形，龍突眼隆鼻，柳葉眉，刀法剛勁簡練，規整工致，為“漢八刀”技法。鈎身陰刻勾連雲紋。底面有圓柱狀鈕。

漢 白玉 無紋 劍璏

長5.8厘米 寬2.2厘米 厚1.5厘米

白玉，質地致密潤澤，為上等和田白玉仔料。器表及孔有皮和如白霜一層的土沁。乃漢器中所見之沁。長方形，一端立邊，一端則下垂內斂。底部有長方形貫孔，孔與立邊一側平齊，形製奇大，占據五分之四體積。面部光素無紋，而碾琢細膩，盡顯白玉材質之佳美，也體現了“良材不雕”的琢玉古訓。

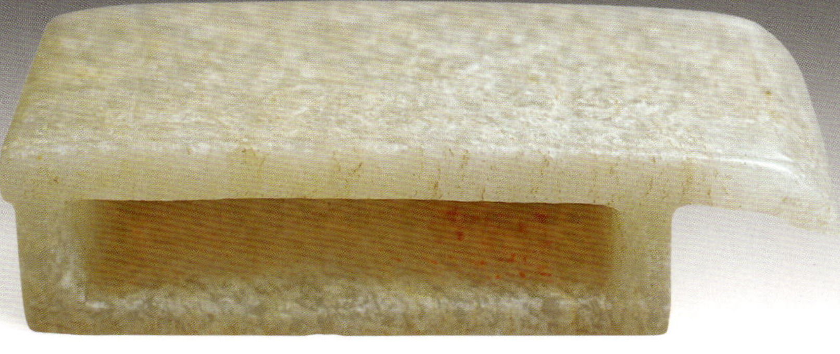

戰國　白玉　勾連雲紋　刀

長4.56厘米　寬2.6厘米　厚0.3厘米

白玉，受赭黃色沁。器呈拇指狀，扁平。雙面浮雕勾連雲紋。

戰國 青玉 穀紋 劍首

直徑5.5厘米 厚1.2厘米

青玉質地，泛黃色，赭紅色沁。扁圓體。正面以弦紋分割為內外兩層紋飾。外層飾穀紋，立邊內切；內層微凸，幾與面平，飾四組雲紋。背面臺階式背低凹，圓槽深直，內斜鑽象鼻孔，以供劍柄嵌入并以釘固定。

戰國　青玉　雙龍首紋　璜

長9厘米　寬2.2厘米　厚0.3厘米

青玉，滿器受沁，色澤駁雜。扁平扇面形。一端及上部各鑽一孔。四周邊緣以突齒脊裝飾。正背兩面皆工，且紋飾相同。左右兩端龍首紋對稱。龍紋由小虺紋、陰刻絲束紋和其它陰刻細綫組成，“虺紋”猶如寄生于龍體內。該器雕琢細巧，層次分明，紋飾繁而不亂。

良渚文化　玉璧

直徑4厘米　厚0.9厘米

透閃石質，沁蝕嚴重，玉綹縱橫，色澤斑駁。器作扁平圓形，外徑較大，厚薄不均，上有多處切割痕。兩面皆光素無紋。中為對鑽圓孔，孔內壁留有臺階痕。此玉璧當為餘杭反山、瑶山一帶的良渚文化墓地出土。

良渚文化　玉璜

長11.5厘米　寬3.5厘米　厚0.3厘米

玉呈湖綠色，受沁，呈鷄骨白。扁平，近半璧形，底邊平直。底邊兩端各有一鑽孔。光素無紋，邊緣光滑。為典型的良渚文化玉璜。這類材質的玉器當出土于福泉山遺址的墓葬中。

良渚文化　玉鐲

直徑7厘米　厚0.8厘米

礬石質，受沁後呈青黃色，圓形。厚薄不均，內孔較規整。外緣寬平微內凹。光潤無紋。

良渚文化　玉璧

直徑11厘米　厚0.6厘米

透閃石、陽起石質。整玉呈湖綠色。受土蝕，鈣化成灰白色斑點。受沁，呈褐色、黃褐色和鐵銹色。扁平圓形。中孔偏大，若以《爾雅》所釋，則稱之為璧欠妥。外徑較小，厚薄不均，兩面皆光素無紋，打磨抛光良好。中孔為對鑽圓孔，孔內壁留有相應的痕迹。此材質的璧當為上海福泉山一帶良渚文化墓地出土。

良渚文化　玉鉞

長20厘米　寬8厘米　厚1厘米

材色欠佳，沁蝕嚴重，色澤斑雜。扁平長方形，中部微隆。刃部圓弧，有齒狀缺損。兩側弧形內斂。首部有損，中間對鑽圓孔，便于繫縛鉞柄。素面無紋，拋光較好。

新石器時代　玉　串飾

長56厘米

玉多為白玉，受沁，呈桂花黃、鐵銹紅、鷄骨白等。圓柱形，中穿孔，大小長短不一，一繩串連。一般作項飾之用。這種材質的玉器，當出土于巴蜀文化的墓葬中。

崧澤文化　玉璜

長8厘米　寬3.3厘米　厚0.2厘米

白玉質地，呈鷄骨白。土沁嚴重，大部呈赭紅色，局部為灰褐色，較透明。扁平扇面形，形製欠規整。底邊兩側鑽孔。一側一孔，欠規整；另一側有兩孔，其一損，其一規矩，為後加。光素無紋，拋光良好。

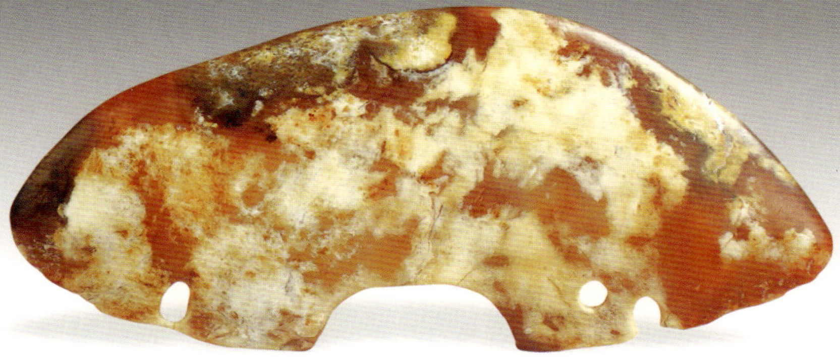

良渚文化　青玉　璜

長5.6厘米　寬2.8厘米　厚0.2厘米

青玉質，受沁蝕，呈赭紅色和鷄骨白，色澤斑駁。扁平扇面形。圓弧為璧的三分之一強。光素無紋，邊綫平滑圓渾。兩端各鑽一圓孔。

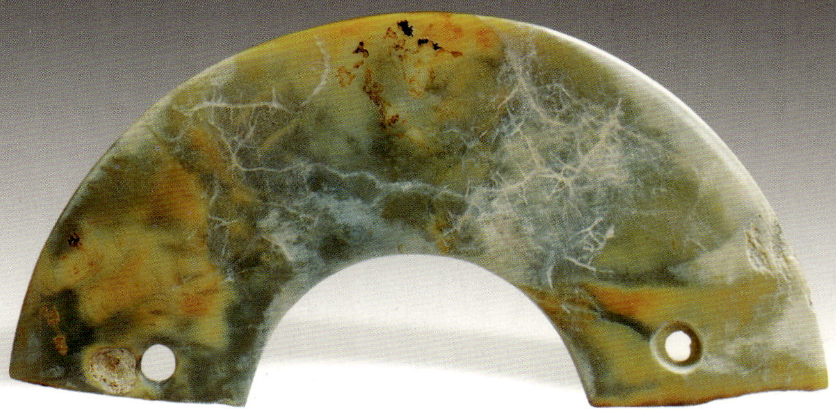

圖版目錄 CATALOGE

圖版目錄 CATALOGE

圖版目錄 CATALOGE

INTRODUCTION

All the pictures in the two books are a part of my jade collection .They are all Xinjiang jades, which were mined in Xinjiang, an autonomous region with an area of 1.65 million kilometers in northwestern China. Hardly can this kind of magnificent jade be mined now. Xinjiang jade is extremely hard and granular in nature and cannot be easily fractured and must be worked slowly with the use of abrasive sands, such as corundum of garnet for long periods of time. Of course, chipping, scraping ,drilling and rubbing are some of the basic techniques used by the ancient craftsmen in creating various kind of jade objects. These remaining artifacts demonstrate the technical and aesthetic sensibility of the ancient civilization.

Chinese jade age began in 4000 BC. At that time some beautiful stones were chosen to make objects for ceremonial and utilitarian purpose. These selected stones were later referred to as jade which has been for many generations associated with spiritual and mystical significance. China discovered an extraordinary amount of ancient buried tombs. Hundreds and thousands of gravesites were excavated. At these sites, archaeologists discovered mysterious jade objects buried with the dead. Conditioned by geography and differences of these ancient jades suggest the existence of a various regional jade traditions and culture-each with its own distinguished character and significance.

China has a long and rich cultural history and a wealth of archaeological material. Time passed, dynasties transpired, history evolved and civilization flourished, our jade objects remain and remind us of their splendid past.

Chunyuan Yan

簡介

嚴春元，浙江衢州人，是浙西地區著名的青年企業家、鑒賞家和收藏家。

收集和珍藏古董是嚴春元先生的志趣和愛好。為了將他喜愛的古董收入囊中，他可以傾其所有。即使在企業處于低谷時期，他也沒有放弃他的志趣。把玩古董，沉浸于傳統文化的熏陶和研究，使他成為古董鑒賞方面的專家，執着地耕耘中華民族的這方淨土之中。

在他的“浙西民間博物館”裏，收藏了歷朝歷代各類古董逾萬件，具有極高的歷史和藝術價值。除了本書中所收的部分玉器外，還有古陶瓷器、古樂器、古床，其工藝之精巧，規模之宏大，堪稱一絕。收集這些中華民族文化的精髓，件件都浸透着他的心血和汗水。它們對于豐富衢州歷史文化名城的內涵，提升衢州古城的城市品位，具有極其重要的意義。

嚴春元先生是一位有成就的企業家，這位辦事謹慎而有魄力的年輕人從五萬元起步，經過十年艱苦創業，于2000年12月創建了浙江豪盛集團有限公司。如今豪盛集團已發展成為集科、工、貿為一體的多元化企業集團，擁有十餘家子公司，八億資產，經營範圍涉及房地產開發、物業管理、電絕緣瓷系列產品生產研發、生物肥研制生產、貿易、餐飲娛樂等。

豪盛集團所屬房產開發公司開發的精品樓盤在當地富享盛名，其中世通華庭被評為“浙江省優質樣板樓盤”，被選送“浙江十大經典樓盤”。與此同時，嚴春元利用民營企業的實力和機制，救活了浙江電瓷廠這個瀕臨倒閉的企業，使之進入高新技術產業領域，產品遠銷海內外，成為豪盛集團的支柱企業。

近年來，豪盛集團榮獲衢州市“重合同，守信用AAA級企業”、“免檢企業”、“省就業和社會保障先進民營企業”等稱號。集團黨委被確定為衢州市非公有制企業黨建示範點。嚴春元本人被評為衢州市勞動模範，獲得“希望工程貢獻獎”、“衢州市招商引資、扶貧幫困先進會員”、“浙江省非公有制經濟人士優秀中國特色社會主義建設者”、“衢州市優秀青年企業家”稱號等殊榮。他還熱心扶貧濟困，盡責社會公益事業，幾年來共捐贈數百萬元。

作為衢州市政協常委的嚴春元，是企業家，又是鑒賞家、收藏家。他全身心地投入企業管理和文物保護事業，為衢州市的經濟發展，促進歷史文化名城的建設做出了積極貢獻。

序

衢州萬玉堂主人嚴春元先生，近日專程送來其藏玉精選集的清樣。集子即將由西泠印社出版社出版發行，分上、下兩大册，選其所藏精美玉器五百多件，以文導圖，文字精妙，圖版清晰。開卷瀏覽，仿佛置身群玉山莊，琳琅滿目，令人應接不暇。

細審萬玉堂藏玉，會讓你感慨其了不起的成就。這主要體現在以下幾個方面。首先是它的規模。萬玉堂收藏玉器數量衆多。總數近萬件。史樹青先生專門為之題寫“萬玉堂”齋名，可謂名符其實。其次是其系統性。中國是崇玉尚玉的國度。從新石器時代以來，玉器的生產和使用源遠流長、綿延不斷，并分别在良渚文化時期、秦漢時期和明清時期掀起了三個高潮，而每個不同歷史時期的玉器又都被賦予鮮明的時代特徵，從而形成最具我國民族特色的玉文化。萬玉堂的玉器收藏正是基于這樣的認識和理解之上的。自新石器時代直至明清，各個歷史時期的作品均有，且很多為代表性作品。該集子限于篇幅，僅精選了其中的五百多件，因其系統性強，按時代先後編排，已把我國玉器發展史的輪廓勾勒了出來。再次是玉器的質地優良。但凡雅好玉器之人，都知道鑒賞玉器同别的門類有别，它是以鑒賞質地的優劣為第一要素的。萬玉堂藏玉多以和闐白玉為主，故爾材色佳美，品質貴重，成為其特色之一。最後是它的種類豐富齊全。我們不妨對照薛貴笙先生主編《中國玉器鑒賞》這部權威著作，由此可以發現，其種類幾乎囊括了所有的玉器品種，同時因其種類的豐富齊全，解讀文字的專業準確，讀者可以從中了解和掌握鑒賞玉器質地、種類、技法、題材乃至寓意等諸多玉文化的知識。

嚴春元先生是浙江衢州人。他的事業在衢州，是當地一位聲譽卓著的企業家。在這之前已聽朋友介紹過。他很年輕，剛過不惑之年，也很儒雅。衢州是南孔廟的所在地。倡導玉有五德的就是孔老夫子。嚴春元先生從事收藏已有八年的歷史。多年來，他把幾乎所有的業餘時間和大量的資金都投注到他所鐘愛和痴迷的收藏之中。這些給我留下了很深的印象。他的收藏除玉器之外，還有兩大專題。其一為明清及民國時期的床，同玉器注重材質一樣，他的床皆以本色的紅木床為主，材質上乘，其中有以紫檀和黄花梨為材的，更是珍貴，數量達到百張，辟有百床陳列館。其二是婺州窑青瓷。婺州窑生產的青瓷茶碗，曾被唐代茶聖陸羽評為全國第三，是我國古代的著名窑口。其生產中心就在浙江金華衢州地區。他的婺州窑瓷器收藏也十分壯觀，有多個歷史時期的瓷器四百多件。而且不少器物上有刻銘，對深入研究婺州窑的生產歷史和工藝技術具有重要價值。

我國重新修訂的文物保護法，肯定并鼓勵民間文物收藏。民間收藏同國家收藏一樣，是我國文物保護利用的重要力量。藏寶于民也就是藏寶于國。嚴春元先生的收藏，不僅在民間收藏界有口皆碑，同時也得到了地方政府和文物主管部門的肯定和支持。目前，正在籌建以上述三大專題為主的非國有博物館。民間收藏文物必須保護和利用兼顧。顯然，出版圖錄和建博物館正是利用文物發揮其社會效益的有效途徑和方法。為此，我感到十分欣慰并為之作序。

中國收藏家協會會長 閻振堂

图书在版编目（CIP）数据

万玉堂玉器精选集／严春元编. —杭州：西泠印社出版社，2007.1
ISBN 978-7-80735-163-4

Ⅰ.万... Ⅱ.严... Ⅲ.①古玉器－鉴赏－中国②古玉器－收藏－中国 Ⅳ.K876.8 G894

中国版本图书馆 CIP 数据核字（2007）第005120号

主　编：嚴春元

副主編：王旭平　蔡乃武

編　委：嚴春元　王旭平　蔡乃武　楊雪財
　　　　霍群洪　吴聲明　寧阿國

萬玉堂玉器精選集

責任編輯：侯　輝
責任出版：李　兵
封面題字：史樹青
攝　　影：邱建華
出版發行：西泠印社出版社
地　　址：杭州市解放路馬坡巷39號　郵編：(310009)
電　　話：0571-87243279
經　　銷：全國新華書店經銷
印　　刷：浙江天鴻印務有限公司
開　　本：889mm × 1194mm　1/16
印　　張：35.5
印　　數：00 001-5 000
版　　次：2007年1月第1版　2007年1月第1次印刷
書　　號：ISBN 978-7-80735-163-4
定　　價：伍佰貳拾元整（上／下册）

萬玉堂玉器精選集

COLLECTION OF CHOICE OF WANYUTANG JADE ARTICLE

第一卷(上册)

嚴春元 主編

西泠印社出版社